UNREAD

奥史

冬简

冬季
奥林匹克
运动的
人文解读

季成

著

A Brief History
of Olympic Winter Games

北京联合出版公司
Beijing United Publishing Co.,Ltd.

冬奥简史：
冬季奥林匹克运动的人文解读

季成 著

图书在版编目（CIP）数据

冬奥简史:冬季奥林匹克运动的人文解读 / 季成著
. --北京：北京联合出版公司，2021.12
ISBN 978-7-5596-5765-7

Ⅰ.①冬… Ⅱ.①季… Ⅲ.①冬季奥运会－历史－研
究 Ⅳ.① G811.212

中国版本图书馆 CIP 数据核字 (2021) 第 241247 号

出 品 人	赵红仕	
选题策划	联合天际·黄蕊	
责任编辑	牛炜征	
特约编辑	黄 蕊	
美术编辑	夏 天	
封面设计	木 春	

关注未读好书

出 版	北京联合出版公司
	北京市西城区德外大街 83 号楼 9 层　100088
发 行	未读(天津)文化传媒有限公司
印 刷	三河市冀华印务有限公司
经 销	新华书店
字 数	140 千字
开 本	880 毫米 ×1230 毫米　1/32　8 印张
版 次	2021 年 12 月第 1 版　2021 年 12 月第 1 次印刷
I S B N	978-7-5596-5765-7
定 价	58.00 元

未读 CLUB
会员服务平台

目录 CONTENTS

推荐序

冬季奥林匹克时空的贯通与书写

北京体育大学副校长 张健

在"现代奥林匹克之父"皮埃尔·德·顾拜旦的努力下，1924 年首届冬季奥运会在法国夏蒙尼拉开了帷幕。从此，冬季奥运会和夏季奥运会在世界奥林匹克运动的舞台上并肩前行，交相辉映。

2021 年，距首届冬奥会已过近百年，第二十四届冬奥会，即 2022 年北京冬奥会开幕进入倒计时。北京作为世界上首个"双奥之城"逐渐成为世界的焦点。"双奥"见证着中国奥林匹克运动实现了极大发展。自 2008 年北京首次举办夏季奥运会以来，国家大力弘扬奥林匹克精神，积极推广奥林匹克文化，传播奥林匹克知识，特别是在冬奥会成功申办之后，全面发展冰雪运动，努力推动"三亿人上冰雪"的愿景实现。

在"冬奥"热情不断高涨的背景下，季成博士撰写的这本专著即将出版。《冬奥简史：冬季奥林匹克运动的人文解读》

围绕冬季奥林匹克的历史脉络展开，将奥林匹克运动视为人类文明的菁华，从人文学的视角进行解读。本书名为"简史"，除了讲述冬奥历史之外，又进一步将"冬季奥林匹克"的内涵深化并展开探讨，对冰雪运动的发展规律有了更准确的把握，在此基础上，作者发挥其跨学科的优势，以独特的视角将冬季奥林匹克的发展历程和人文价值娓娓道来。

这本书的意义集中体现在对冬季奥林匹克这个时空综合体的贯通书写上，不是简单地堆积冬奥会赛事的史实，而是力求梳理冬季奥林匹克历史的脉络。作者在复原冬奥图景的同时，搭建了一个非常清晰的历史框架，分别从时间和空间的角度逐一分析冬奥会的历史演变过程：从冰雪运动的源头到首届冬奥会的举办，从冬奥会的中断、恢复到繁荣发展，再到进入21世纪直至即将举办的北京冬奥会，以期将一个横跨百年的冬奥谱系清晰地呈现在读者面前。

同时，这本书鲜明地阐述了冬季奥林匹克相对于现代奥林匹克的要义。在极寒、极冷的条件下超越极限，是冬季奥林匹克体育精神的集中体现：对抗寒冷、对抗重力、对抗时间，是一种更为彻底的对于极限的超越。作者在撰写本书时，摒弃了冰冷的陈述。我们在阅读本书时，除了能够看到浓墨重彩的宏大历史，还能从细微之处感受到作者有温度的人文关怀。作者对历史充满敬畏，对未来满怀希望。

《冬奥简史：冬季奥林匹克运动的人文解读》的创作离不

开李成博士的努力和付出。这本书是长期辛勤科研的成果，也是作者学品与人品的呈现。他不仅作为学者、教师，扎实开展奥林匹克科研、教学，还以雪车、钢架雪车国际级裁判员的身份，活跃在冬奥办赛的一线，可谓"知行合一，止于至善"。希望季成博士坚守学术理想，为奥林匹克运动的发展做出更多贡献！

2021 年 10 月 20 日

自序

　　2018 年平昌冬奥会落幕，冬奥会筹办工作进入"北京周期"，距离人类文明这一盛事越来越近了。对于冬季奥林匹克和冰雪运动，中国人不再只是旁观者，而是 2022 北京冬奥会的见证者和创造者，书写着冬奥历史的新篇章。

　　然而，我们已有的冬奥会历史文献或者著作，都无一例外地聚焦于对冬奥会赛时的记录，不可否认，冬奥会是冬季奥林匹克运动的主要呈现方式，但绝不是其全部，人们容易忽略在冬奥会之外的冬季运动在时空综合体中连续发展的事实，而且对于这方面的历史记录明显匮乏。所以从更大的历史脉络和全球视野重新审视冬季奥林匹克是有意义的工作，即便囿于个人能力和专业背景积累，但笔者仍认为这是一项值得推动的研究。

　　在这个过程中，笔者有幸接触了通识教育。体育人文社会学科的通识教育正在逐步发展过程中，最受关注的一个问题即如何将体育和人文有机地结合起来。笔者的优势就在于拥有十年的比较文学研究经验，养成了跨学科、跨语境、跨文化的学习工作习惯，自然地发现"冬奥"就是一个天生的通识教育题目，包含着人文社会的方方面面，在讲授了两门关于冬季奥林匹克和冰雪运动的通识课程之后，讲稿成了本书的初稿。

本书以冬季奥林匹克运动为对象，打通体育、政治、文化、环境等多领域，用更为广阔的视野展示冬奥大历史，凸显冬季奥林匹克人文精神的价值内核，力图以大众读本的形式普及关于冬奥的小众知识，避免繁杂的历史描绘和冰冷的学术腔调。在本书中，笔者试图把冬季奥林匹克视作一个正在成长的生命体，关注冬季奥林匹克运动的自我更新，以及复杂多变的国际环境对其生成的塑造。冬季奥林匹克度过了初创和复原，走过镜像、"冷战"、差异，走向成熟、多元、改革，奥林匹克作为现代人类文明菁华在不断发展壮大。

冬奥源于奥林匹克这一人类文明的菁华，又因为 2022 北京冬奥会与中国的现实紧密相连，所以它不仅仅是体育赛事的最高形式，同时还展示着丰富的人文价值。受黄仁宇先生《中国大历史》的写作思路启发，"大历史"（macro-history）之大绝非体现在容量和篇幅上，而是将"宏观及放宽视野这一观念"引导到历史研究中。那么笔者想呈现的冬奥大历史，也不再仅仅是对冬奥会的全程记录，而是以 23 届冬奥会贯穿的冬季奥林匹克运动的人文发展史为主。明晰冰雪运动或者说冬奥会是怎样构成的，哪些是时代背景、自然条件赋予的，哪些是冬季奥林匹克自己生成的特性，这些经验中可持续、可发展传承的又是什么，这样可以更容易将历史与现在以及未来连接起来，而不是冰冷记录的罗列。

在撰写过程中笔者参考了大量的文献，包括大卫·米勒的《奥运会及奥委会官方历史》，埃里克·莫宁的《从夏蒙尼到平昌》，不难发现，西方学者以及中国以外的东方学者所持观点依然是以西方为中心的。这在平昌、东京、北京接连举办的东亚周期历史节点上显得片面而失之偏颇，虽然亚洲国家在冬季项目上的历史建树无法与欧美相比，但用发展的眼光来看，东亚无疑是奥林匹克运动发展的新兴势力，历史地位决定了话语权的恢复，继而发出东方的声音，在冬奥历史研究和书写上这是国内研究者及东方学者共同努力的方向。

笔者认为，冬奥历史最终可以照射入我们的日常生活，一如奥林匹克主义明确地指出，奥林匹克是一种人生的哲学，我们通过学习、了解奥林匹克会从中获得不同的裨益。奥林匹克指引我们探索身体和精神的极限，我们大多数是平凡的人，但奥林匹克给予我们一个机会，正视并反省生活，让平凡的我们拒绝平庸。希望本书能为读者带来些许别样的思考，让生活获得一个"奥林匹克式"的打开方式。

共同见证、经历、创造我们的奥林匹克吧！

第一章

溯源:

冰雪运动及冬季奥林匹克的诞生

冬季奥林匹克运动会始于 1924 年法国夏蒙尼，这届冬奥会举行了滑冰、滑雪、雪车、冰球和冰壶的比赛。然而，"冬季运动"这一用语的真正出现，还要追溯到 19 世纪 60 年代，在此之前，冰雪运动项目早已在世界各地经历了漫长的发展和普及过程。比如，滑冰、滑雪运动在演化为人类竞技、休闲的娱乐方式之前，早已是人类生产生活中必不可少的一部分。如果我们回溯人类最早在冰面或者雪地上的滑行行为，自然不可避免地注意到人类的功能性滑冰、滑雪行为。回归人类文明在冰雪世界中的源头，理解冰雪滑行功能性的使用，继而联系古代奥林匹克和现代冬季运动的诞生，在这样的脉络下或可把握冬季奥林匹克的前世今生。

人类冰雪行为的历史溯源

　　岩画可能是人类对于自己生活最早的图像记录，人们在发掘冰雪运动源头的时候也自然而然地将目光投向散落在世界各地的岩画遗迹。旧石器时代在地质时期对应的是更新世，即人们所熟知的冰河时代。在这一时期，冰川覆盖了亚欧大陆，迫使人类的先民向南迁徙，跟随野牛群、鹿群、马群和猛犸象的足迹移动，靠捕猎这些动物维持生计，他们的足迹到了环地中海地区，甚至深入非洲。

史前时代，即最后一个冰河时代之后，猎人们开始把长木片绑在脚上，以便在雪地上走得更远、更快，滑雪狩猎活动的痕迹遍布亚欧大陆北部地区。不同地区的原始居民对地形和雪况展现出了截然不同的适应力，这影响着人类初代滑雪板的设计，原始先民按照自己的需求打造了最早的滑雪工具。如今，科学家们仍在不断寻找这些早期滑雪活动的证据，它们大多被刻画记录在岩石上，或残存在沼泽里。考古学家和历史学家贡献良多，他们发掘并发现滑雪相关的记录都来自岩画，从斯堪的纳维亚半岛到亚洲北部，岩画中不乏对滑雪者和道具的描绘，岩画所在地区和描绘的内容包括：

- 挪威阿尔塔：双短雪板，手持狩猎武器
- 挪威勒德干：双长雪板，手持武器或猎物
- 俄罗斯科拉半岛：单长滑雪板，手持单杖
- 俄罗斯扎拉夫鲁加：单短滑雪板，手持弓箭
- 瑞典贝克斯塔：单短滑雪板，手持弓箭
- 蒙古索古郭勒：双短雪板，手持武器，身着皮毛

· 蒙古巴加奥格郭勒：双短雪板，手持弓箭，身着皮毛
· 中国阿勒泰：长短雪板，手持弓箭等武器

岩画对于滑雪行为的描绘透出勃勃生气，但这并不一定是对实际场景的记录。史前时代的人类使用艺术来表达宗教祭祀的意愿，在洞穴深处的岩壁上——大地母亲的子宫内部[1]，描绘狩猎场景，以祈愿狩猎满载而归。原始先民在描绘的动物上面涂抹植物颜料的方法更接近于一种感应巫术，表达掌控自然和命运的祈祷。可以说，岩石壁画就是当时人类相互交流的"脸书"平台，通过图像标识记录人类的日常行为和生活环境，这样的信息交流和传递对于以游牧为生的先民们来说更为重要。当然，图像遗迹也成为后人推测、了解先祖生活的依据。

由此可以确定：滑雪是一种史前活动。北欧及俄罗斯考古学的器物发现佐证了古代滑雪的存在，已知最古老的滑雪板出现在公元前8000年至公元前7000年的俄罗斯。考古学家们也在北欧的许多地区发现了早期的滑雪板，他们在挪威的北极圈附近发现了一幅有4000年历史的描绘滑雪板的岩画，在瑞典、挪威和芬兰的沼泽中发现了数百块有1000年到3500年历史的滑雪板碎片，最早的一些滑雪板又短又宽，与现代滑雪板相比，更像雪鞋。

---

[1] 地母说是指原始先民认为人的起源是大地，从而选择在洞穴深处进行祭祀活动。

古代滑雪当然不局限于欧洲，中国古代典籍《山海经》中曾记录游牧民族丁零人"其民从膝已下有毛，马蹄，善走"，描述了北方游牧民族使用马皮滑雪板滑行的传统。最早正式提到滑雪的书面文献来自汉朝（公元前206年至公元220年），描述的是中国北方游牧民族的滑雪行为。

中国境内最早的滑雪遗迹则是在2005年被发现的，一位新疆农民在敦德布拉克发现了岩画洞穴，位于新疆阿勒泰地区的一个蒙古民族乡。"滑雪起源地新疆阿勒泰"的相关研究始于单兆鉴等学者于2005年发布的研究报告，但这一研究更多的支撑来自2015年北京成功申办冬奥会之后，在冬奥的大背景下，更多的研究者开始把"阿勒泰研究"推向前沿热点。2015年1月，考古学家推测阿勒泰遗迹的年代范围为公元前8000年至公元前10000年，早于北欧和俄罗斯地区的遗迹，由此推断"中国新疆阿勒泰是人类最早滑雪地"，这一研究结果也得到众多国外学者的支持。关于阿勒泰的滑雪起源，不应忽略以下几个方面：

首先，这里有一个不可忽略的基本事实：冰河纪，北半球的人类退居到山洞，冰河纪人类能够生存的纬度区间是在北纬40°以南，位于北纬45°的阿勒泰地区有可供人类躲避的山洞或者岩棚，而同一时期的俄罗斯、斯堪的纳维亚半岛等高纬度地区不可能有人类活动。

其次，在阿勒泰岩画中可以发现人们追逐的动物更像是牛或者马，更引人注意的是硕人的牛尾巴，原始先民在重现当时狩猎场景时对于猎物的描绘十分夸张，从侧面反映了在雪原上追逐猎物是多么困难的事情，猎人除了依仗滑雪板行进，还要腾出手来弯弓搭箭，这或可说明为何东方岩画中的滑雪并没有使用双杖。

最后，美国《国家地理》杂志在 2013 年刊发了关于阿勒泰滑雪传统的文章，以中国新疆阿勒泰当地居民图尔森为主要讲述者，展示了其酷爱滑雪和享受寂静的生活方式。阿勒泰传统滑雪板蕴含着祖先的智慧，如史书所记"其状似楯而头高，其下以马皮顺毛衣之"，用白松木和马小腿毛皮制成。马皮滑雪板利用马毛的"顺茬"进行下坡滑行，而马毛的"倒茬"可以增加爬坡时的阻力，滑雪板有一人多高，用单支长木杆滑行转向。阿勒泰人祖传的马皮滑雪只是一种传统的滑行方式，如今已不再用于狩猎，也就是说，无论是在纪录片拍摄还是实际生活中，阿勒泰人并不会真的杀死一头麋鹿。如今的阿勒泰滑雪展示的只是在这片荒野上古老的生存方式。阿勒泰猎人来自半游牧的图瓦族部落，居住在阿勒泰的小块土地上，他们的小木屋距离俄罗斯、哈萨克斯坦和蒙古国三国交会的国境线只有30 多公里。即便如今的马皮滑雪只是带有仪式感的复古行为，但滑雪本身还是会滋养阿勒泰人的精神，而祖先留下的雪上遗迹更令他们心驰神往，驱使着他们冒险回到祖先生活的原始的白色世界，尽情地享受滑雪的乐趣。

在 2015 年 1 月 18 日闭幕的中国阿勒泰国际古老滑雪文化交流研讨会上，与会的挪威、瑞典、芬兰等 18 国 30 余位滑雪历史研究专家联名发表《阿勒泰宣言》，认同中国新疆阿勒泰是世界上最古老的滑雪地域。《阿勒泰宣言》的发布，意味着新疆阿勒泰为人类滑雪最早起源地的说法首次得到国际公认。这不仅提升了中国参与冰雪运动历史研究的话语权，也为人类冰雪文明的探究提供了新的史学依据。

功能性的使用：狩猎、军事、交通

在人类漫长的文明史中，严寒总是给人类生存带来直接的威胁。但在原始社会时期，寒冷为人类提供了另一种便利——寒冷的洞穴成为那个时代的天然冰箱，帮助人类祖先更长久地保存通过猎杀获取的肉食。降低浪费意味着提高了狩猎的实际效率，在生产力低下的时代，存蓄比猎取更容易实现。然而，古代的狩猎者们依然为了摄取延续生命的蛋白质，一次次勇敢地冲入冰天雪地。通过史料，我们可以找到很多证据，"滑雪"是与人类生存紧密相关的词语。在冰天雪地的生活环境下，原始先民只有依靠滑雪技术才能迅速移动，发现、追踪野兽的踪迹，最终完成狩猎，这是古代人必要的生存技能。

到了现代，最早记录冰雪运动的则是尼德兰的画家们，在他们描绘冬季狩猎和捕鸟的主题画作中，呈现了人们在冰面上的娱乐活动。老彼得·勃鲁盖尔作为尼德兰画家代表之一，他的创作独树一帜。与当时大多数绘画创作的主题围绕宗教和皇室贵族不同，他为农民画像。勃鲁盖尔的创作特点是在描绘的风景中记录人类的活动，在他的画作《有滑冰者和捕鸟器的冬景》《冬猎》中都可以看到平民冬季狩猎的场面。苍白、清冷的色彩加强了冬日的感觉，高度还原了现实的场景，画面满是日常生活的细节，包括人们在结冰的池塘上溜冰的身姿。他的画作可能是美术史上最早对"冬季运动"的留影。

勃鲁盖尔记录下了一年四季自然界的各种面貌，在描绘农民日常生活的风俗画中，人们在适当的时节从事不同的活动。风景不再仅仅是宗教活动的背景或窗外的景色，它拥有了比人物更加重要的意义，人物几乎已经成为附带性的了。不可否认的是，地理因素与冬季运动雏形之间有着密不可分的关系。作为最早的冰雪运动图像记忆，尼德兰的早期画作在冰上运动起源的历史资料中不断被提及。

在斯堪的纳维亚半岛国家历史中，滑雪和滑冰被记录在战争史里。挪威和瑞典各有一组在国家危难之际力挽狂澜的滑雪组合，他们分别被写入北欧滑雪的起源历史中。

1206 年，挪威爆发内战，两位滑雪英雄鲁斯登·谢布拉和谢尔法罗·斯格尔卡用桦木滑雪板长途越野跋涉，飞身跃下雪坡摆脱了敌军的追击，从而救出了年仅两岁的哈康王子①。哈康王子后来成为统一挪威的君王。现在每年冬天，挪威人根据两位滑雪英雄营救王子的路线——从利勒哈默尔到雷那，举行大型马拉松滑雪赛，以纪念忠诚卫士的英雄事迹。

瑞典的瓦萨国际越野滑雪节也有与挪威相似的渊源。其起源时间可以追溯到 16 世纪初期，当时，瑞典被丹麦入侵，瑞典贵族青年古斯塔夫·瓦萨号召人们奋起反抗，他在莫拉奔走呼号，鼓动达拉纳人与他并肩作战，然而他并没有找到志同道合者，所以他决定滑雪到挪威去寻找援兵。丹麦人在斯德哥尔摩大肆屠杀瑞典人的消息传到了莫拉，这时，达拉纳人才决定要立即与瓦萨联合起来。②于是，当地最好的两个滑雪运动员拉尔斯和安吉尔·布莱克特出发去追赶瓦萨，这便是瓦萨国际越野滑雪节的历史渊源。③1922 年 2 月 10 日，新闻记者安德尔斯·佩尔斯倡议为了纪念古斯塔夫·瓦萨以及他所取得的成就，创立一个每年举行的、全程90公里的滑雪比赛——瓦萨滑雪节，滑行路线与当年瓦萨等民族英雄奔波于莫拉和萨伦两地的路线相同。

---

① 哈康（Hakon）王子，1994 年利勒哈默尔冬奥会吉祥物的原型。
② [美]房龙：《伟大的逃亡——古斯塔夫·瓦萨的建国传奇》，曹竞仁译，新星出版社 2012 年 2 月。
③ 在 16 世纪丹麦入侵瑞典的战争中，古斯塔夫·瓦萨号召瑞典人民起来反抗丹麦的统治。经过长时间的武装斗争，瑞典人民在瓦萨的带领下，于 1523 年取得了独立，同年 6 月 6 日，瓦萨被推举为瑞典国王。

我们同样可以在中国古代画作中找到冰雪运动的影子。清代乾隆年间，宫廷画家张为邦、姚文瀚所绘的《冰嬉图》和较早些金昆等人绘制的《冰嬉图》，如实地反映了当时在北京中海的金鳌玉蛛桥（今北海桥）南宫廷进行的冰上表演的盛况。

据载，"太液池冬月表演冰嬉，习劳行赏，以阅武事，而修国俗"。太液池就是现在北京的北海和中南海。当时，每年冬天皇家都要从各地挑选上千名"善走冰"的能手入宫训练，于冬至到"三九"在太液池上表演，供皇帝、后妃、大臣们校阅观赏。由此可见，滑冰在中国古代最初主要是卫戍边防的士兵们的训练项目，而每年冬至以后，清廷在太液池举行盛大的观赏仪式，进而形成了多种多样的冰上体育活动，统称为"冰嬉"，包括：冰上射箭、拖冰床、冰上执球踢球、跑冰、单人双人花样滑冰及冰上杂耍等。儿童也参与其中，做出童子拜观音、凤凰展翅、金鸡独立等精彩动作。后来，冰嬉不仅是皇室的消遣娱乐，也作为中国北方传统的民间体育活动逐渐被普及发展开来。

除去狩猎和军事功能，滑雪和滑冰在很多国家也是不可或缺的交通方式。

越野滑雪的历史至少可以追溯到 5000 年前，它作为越野旅行方式起始于斯堪的纳维亚半岛，并传播至欧洲其他地区。越野滑雪是最原始又最受欢迎的北欧滑雪运动，因为这项运动诞生于北欧，故又称北欧滑雪。

滑冰最早作为一种在结冰池塘和湖泊上使用的交通方式，其历史可以追溯到公元前 2000 年。荷兰人是滑冰运动的先驱，早在 13 世纪，荷兰人就在冰冻的河流，特别是运河上滑冰，这成为邻近村落之间保持交流、接触的方式。速度滑冰可以追溯到 17 世纪，1676 年的尼德兰，人们组织了首次滑冰旅行，通过冰冻的湖面到达各个城镇；当人们使用冰刀、雪板在冰上、雪上获得了身体快速移动的自由之后，便开始考虑物品和人员的运输，于是发明了借助山体滑行或借助于动物拖拉的撬体，由此，雪车（或雪橇）的雏形诞生。雪车、雪橇也是瑞士等阿尔卑斯山周边国家山顶居民在冬季去山脚村落的重要交通工具。

古代奥林匹克与冰雪运动观

这里我们重新回顾一下古代奥林匹克的起源，古代奥林匹克起源于古希腊时期，发起和兴盛于公元前 776 年至公元前 388 年。最初的古代奥运会项目就是短跑，后来衍生出长跑、跳远、铁饼、标枪等田径项目，通常只需要一个下午即可完赛。公元 5 世纪中叶以后，赛期延长为 5 天，也开始增加摔跤、角斗、战车等对抗性较强的、带有军事性质的项目。所以，冬季奥林匹克与古代奥林匹克并无关联，我们无法想象在温热的地中海气候的奥林匹亚山上进行滑雪或雪橇等比赛的场景。

从历史记录上来对标时间线也可以发现，滑雪与古代奥林匹克没有交集。公元5世纪（约在426年），基督教已经成为东罗马帝国的国教，而古代奥运会时祭祀希腊神话中神灵的活动被逐渐忽略并取缔，持续了千年的古代奥林匹克活动就此终止。在古代奥林匹克终止之后，才出现了关于滑雪的记录。公元6世纪，查士丁尼皇帝统治拜占庭时期的历史学家普罗柯比在游历北欧之后最早记录下了当地居民使用滑雪板快速移动的情景，并将这些人称为"Skridfinnae"，意为"踩着滑雪板的芬兰人"。

古代奥林匹克蕴含的运动观是通过体育比赛赞美人体和运动成就，古希腊人对良好生活做出了直到今天仍有意义的规定："mens sana in corpore sano"，古罗马人将之译为"健康体魄，文明精神"。现代奥林匹克运动会于1896年恢复，这一恢复不仅复兴了古代奥林匹克的仪式，更融入了现代社会的时代特点，被顾拜旦改造成了一场当代体育盛会，其目的是教育青年人，其核心要义被归结为奥林匹克口号——"更高、更快、更强"①。而在现代奥林匹克恢复之初，冬季运动并不

① 2021年7月20日，在日本东京召开的国际奥委会第138次全会正式通过将"更团结"加入奥林匹克口号中，奥林匹克口号自此变为"更快、更高、更强、更团结"。

属于奥林匹克，为了扩大恢复后的现代奥林匹克的影响，顾拜旦才在20世纪初期把滑雪、滑冰等冬季项目引入奥林匹克。而冬季奥林匹克相对于现代奥林匹克的要义，就是在"更高、更快、更强"之上增加了"极寒、极冷"。在极寒、极冷的条件下超越极限，是冬季奥林匹克体育精神的集中体现。如果说奥林匹克体育观包含着三个维度的超越——历史界限、他人界限、自我界限，最终为了实现"作为主体的人对一种更完美的存在、一种更高的价值和理想的追求"，那么冰雪运动观表达的是对抗寒冷、对抗重力、对抗时间，是一种更为彻底的对于极限的超越。

冬季运动虽然进入了奥林匹克，但是其真正与奥林匹克合流却发生在现代。通过对古代狩猎行为记录的考证，我们发现冰雪运动的源头有别于古代奥林匹克祭祀神的初衷，却是诞生于狩猎、军事、交通等实用性的功能。正是这一实用性功能的存在，才导致冬季项目与夏季项目在装备使用上的巨大差异，如果说夏季项目中有大量的通过运动员肉身展示力与美并进行竞技比拼的比赛，比如田径、游泳、体操等，那么冬季项目可以说无一不借助于装备才能应对寒冷的环境，服装、护具为保暖、安全提供基础条件，而其中有一件装备最为关键——"滑刃"（runner）。

虽然各个滑冰项目的技术要求不同，但除冰壶之外的所有冰上项目都需要使用滑刃，所以，从某种意义上说，它们都是滑行项目。雪上项目，无论是越野滑雪、高山滑雪、自由式滑雪穿的双板滑雪板底部，还是单板滑雪使用的单板滑雪板底部，都有不同的滑刃；滑行类的项目，如雪车、钢架雪车、雪橇等橇体的底部也都安装了滑刃。滑刃使我们与冰面、雪面的接触变成高速的动摩擦，从而达到脚掌和鞋底与陆地接触时无法获得的速度感。

冬季体育运动的诞生

在现代，北欧滑雪远比高山滑雪更早受到大众欢迎，而挪威也被普遍认为是滑雪比赛的发祥地。挪威的胡塞比滑雪比赛首次举办于 1879 年。著名的挪威霍尔门科伦比赛于 1892 年举办，比赛项目最初只有全能两项，即跳台滑雪和越野滑雪，这是滑雪运动早期具备一定规模的赛事。霍尔门科伦比赛发展到 1900 年，才首次设置了单独的越野滑雪比赛项目，全长 30 公里。

现代滑冰运动比赛的最早记录被认为是在 1763 年，英国首次举办了滑冰比赛，包括 6 公里和 12 公里的角逐。1863 年，挪威首次举办现代速度滑冰比赛，之后瑞典、芬兰、俄罗斯均于 19 世纪六七十年代组织了比赛。1885 年，第一次国际速滑赛事在德国汉堡举办。1889—1891 年连续 3 年荷兰阿姆斯特丹的组织者邀请多国运动员参加速度滑冰世界锦标赛。在当时通信困难的情况下，仍有来自多国的相当数量的运动员参加比赛，达到一定的赛事规模实属不易。1892 年，欧洲人也曾计划举办世界锦标赛，但由于当年暖冬，比赛未能举行。

国际滑冰联盟成立于 1892 年，是最早的冬季运动国际联合会。与会的 15 名代表（均来自欧洲）制定了明确的规则，为举办速度滑冰和花样滑冰国际赛事奠定了基础。1893 年，首届国际滑冰联合会速度滑冰世锦赛在阿姆斯特丹举办，只设有男子项目。1894 年，随着加拿大成为会员，国际滑冰联盟扩大了它的影响范围，成了一个真正的国际管理机构。

滑行类的项目发展至今，包括雪车、钢架雪车和雪橇 3 个竞赛分项，在历史上，它们分别被叫作平底雪橇（有舵雪橇）、俯式冰橇、无舵雪橇。在项目诞生初期，它们被统称为雪橇运动。虽然雪橇被用作交通工具已经有数个世纪，但钢架雪车直至 19 世纪晚期才出现，最初比赛用的雪橇是木制的，后来很快替换为钢制的。瑞士人在平底雪橇上安装了可驾驶的机械装置，即我们知道的有舵雪橇（雪车的雏形），其名称（bobsled）源于队员们通过前后摆动（bobbed back and forth）在直线跑道上增加速度。1897 年，世界首个雪车俱乐部在瑞士圣莫里茨成立。截至 1914 年，雪车运动只在各种各样的天然冰道上进行。随着著名的滑雪胜地在欧洲兴起与扩张，雪车这项运动也成为上流社会的风潮。雪车轨道出现在奥地利、德国、罗马尼亚、捷克斯洛伐克和波兰，使用的是山间原有的道路和小径。国际有舵雪橇和平底雪橇联合会（FIBT）成立于1923年。次年，在法国夏蒙尼冬奥会上，四人男子雪车项目登场。

冬季奥林匹克呼之欲出

滑雪、滑冰、橇类运动诞生并兴盛于欧洲，但放眼冰雪运动20世纪在全世界范围内的传播，最具有代表性的运动还是冰球。在欧洲、北美、亚洲都可见冬季运动在全球范围内布局的趋势。1855年，加拿大新斯科舍省国王男子学校的学生将一种名叫"Hurley"的户外游戏改变形式搬到冰面上比赛，此即冰球的雏形。这一运动曾有过不同的名称①，而如今冰球界达成一致，认为这项运动是以霍基上校的名字命名的——Ice Hockey（冰球），他的驻军邻近学校，于是他命令部队在冬日参与这项游戏来保持士兵身体健康。

1873年，在加拿大蒙特利尔，詹姆斯·乔治·艾尔文·克里顿为冰球比赛制定了非正式规则，这位加拿大人被普遍认为

---

① 冰球运动曾有过多种叫法：Hurley是在爱尔兰常年举行的古代曲棍球游戏中使用的棍子的名称。其他叫法还包括ricket和wicket。

是"冰球之父"。1875 年，在蒙特利尔的维多利亚冰场举行的第一场有组织的比赛中，他发挥了重要作用。两年后，蒙特利尔的麦吉尔大学组建了第一支有组织的冰球队，并于当年 2 月在《蒙特利尔公报》上发布了第一版根据陆地曲棍球规则改编的冰上曲棍球规则，共有 7 项细则。

女子冰球可以追溯到百年前。最早的女性打冰球的影像是 1890 年英格兰普雷斯顿市的斯坦利勋爵的女儿伊索贝尔·斯坦利在加拿大渥太华玩冰球。通过影像记录可以断定，女性运动员在那之前就已经打得很好了。

"斯坦利杯"[①]第一场比赛于 1893 年举行，蒙特利尔业余田径协会的"翼轮队"成为第一届冠军。1897 年，加拿大冠军滑冰运动员乔治·梅格带着冰球装备前往巴黎，观看了来自伦敦的冰宫俱乐部与来自格拉斯哥的班迪俱乐部之间的一系列友谊赛。直到 1902 年，在伦敦骑士桥的王子滑冰俱乐部，才举行了欧洲的第一场竞技冰球比赛。1908 年，法国、比利时、英国和瑞士的代表在巴黎成立了国际冰球联合会（IIHF）的前身国际冰球局（LIHG）。法国花样滑冰运动员路易斯·马格纳斯担任第一任主席。

第一届欧洲冰球冠军赛于 1910 年在瑞士举行，英国成为

---

① 斯坦利杯（Stanley Cup）设立于 1893 年，为国家冰球联盟的最高奖项，颁给联盟季后赛冠军队伍。斯坦利杯以弗雷德里克·斯坦利之名命名，是为纪念其为冰球运动做出的贡献而设。

第一个获得国际冰球赛冠军的国家。1911年，国际冰球联合会在各个级别的比赛中都吸纳引用了"加拿大规则"。

国家冰球联盟（NHL）成立于1917年，由来自蒙特利尔的加拿大人队、多伦多枫叶队、渥太华参议院队和蒙特利尔漫游者四支球队组成。加拿大和美国于1920年安特卫普夏季奥运会①加入国家冰球联盟，这是北美国家首次参加的国际冰球比赛，比赛在56m×18m的冰场上进行，一方有7人参加比赛。

冰上运动不仅在欧美传播，19世纪末还从西方传入我国。"冰城"哈尔滨是中国开展现代滑冰运动最早的城市，所以这里当之无愧地成为中国现代冰雪体育运动的摇篮，中国最早的人工滑冰场也诞生于此。20世纪初，滑冰运动在哈尔滨兴起。俄侨在哈尔滨成立了滑冰协会，1909年举行了小型的滑冰比赛；1910年，在道里修建了冬季可以浇冰场的体育场（位于道里区中医街，即后来的红星体育场），在南岗修建了"札牙斯"（音译）滑冰场（位于南岗区健民街，即后来的南岗体育场）。

哈尔滨1910年建的这两个冰场是中国最早的人工滑冰场。那时的冰场内有跑道和花样场地，分早场和晚场，有偿对外开

---

① 1920年安特卫普夏奥会增加了冰球项目，但鉴于天气原因冰球项目需要提前在4月进行，这大大增加了人力、物力、财力的消耗，于是人们开始倾向于把冰雪运动从奥运会中分离出来，单独进行，所以在1924年第一届法国夏蒙尼冬奥会上，冰球项目被正式纳入了冬奥会。

放。在新年的滑冰晚会上，人们或穿古装，或戴假面，进行各种各样的冰上表演。俄侨除了开展速度滑冰、花样滑冰外，也打冰球。后来，全市组成了5支冰球队，它们分别是俄国侨民会、波兰侨民会、俄国秋林俱乐部、铁路火车头俱乐部和哈尔滨工业大学队，当时每支冰球队中只有两三名中国人。在俄侨的影响下，哈尔滨铁路局、哈尔滨工业大学、哈尔滨医科大学等单位也开始自浇冰场，开展滑冰运动。

1908年第四届伦敦夏季奥运会增加了花样滑冰项目，1920年第七届安特卫普夏季奥运会增加了冰球项目，它们作为表演项目在奥运会上初次登台就展示了冬季项目极致的两端——花样滑冰是最具艺术性、最美妙的，而冰球则是唯一进行身体对抗的，最强硬、最柔美的两个极致都展示在了观众面前，这极大地刺激了观赛的兴趣点，使冬季项目大受欢迎。

正是民众的喜爱和热捧催生了国际奥委会将冬季项目推出冬奥会的计划，随后，在现代奥林匹克之父、法国人顾拜旦的倡导之下，冬季奥林匹克运动会应运而生。1924年，国际奥委会在法国夏蒙尼举行了"国际冬季运动周"，它在1925年被追认为首届冬奥会。

人类的个体或集体总在谋求发展和进步，运动是绝对的，世界繁杂的变化无不是从微小的物理位移开始的，人类基因里无法抹去的对于飞翔的执念，总在寻求身体物理位移的速度和高度，而滑行从某种角度上满足了人的心理需求。即便增加的只是绝对时间里的相对快感，那也是对抗时间不可逆流的唯一有效方式。

　　滑雪、滑冰行为终究还是脱离了狩猎、军事、交通的功能，蜕变成真正意义上的冰雪体育运动。一如老彼得·勃鲁盖尔的《有滑冰者和捕鸟器的冬景》所展现的那样，滑冰和捕鸟都不再是单纯的生产方式，而是帮助人们从劳作中真正脱离出来的快乐源泉——即便只是快乐的思想火花迸发的一瞬间，是结冰运河上的荷兰船夫滑行起舞的那一刻，是为了赢得一瓶红酒，雪橇从圣莫里茨山上飞驰而下的那一刻，是瑞典和挪威的巡逻兵暂停戒备比一场滑雪射击的那一刻……而这些迸发出体育原本快乐的瞬间使得冰雪运动走向奥林匹克的永恒，至少从体育的本质上离 1924 年越发接近了。

第二章

探索：

冬季奥林匹克的初创阶段

北欧的反对与顾拜旦的坚持

20 世纪初，冬季体育运动已在欧美国家普遍开展。1914—1918 年，第一次世界大战爆发导致奥林匹克中断，但实际上，大战前后的夏奥会中均设置过冬季项目，1908 年伦敦夏奥会首次加入花样滑冰项目，1920 年安特卫普夏奥会增设冰球项目，比赛虽然受到观众的热烈追捧，但对于当时的举办国组委会来说，设置冰雪项目需要人力、物力的额外投入，并且冰雪项目安排在夏奥会开幕前 5 个月进行，这无疑给举办国带来了额外的压力。

现代奥林匹克之父顾拜旦先生很早就想单独举办冬季奥林匹克运动会，但他的建议遭到瑞典、挪威等北欧国家的强烈反对。北欧国家认为其竞技水平远高于欧洲大陆其他国家，而且北欧运动会也举办得如火如荼，没有必要在欧洲大陆举办冬季赛事。在斯堪的纳维亚半岛国家（芬兰、瑞典、挪威）反对的背景下，国际奥委会只得以退为进，提出另一种活动的方案——举办"国际冬季运动周"作为夏奥会的序幕，其中的冰雪项目由国际奥委会主管，并于 1924 年在法国夏蒙尼举办。1925 年 5 月 27 日，在布拉格国际奥委会总会上，"国际冬季运动周"得到认可①，被追认为"第一届冬奥会"。"国际冬季运动周"的尝试以及第一届冬奥会的确立，为冬季奥林匹克20 世纪 20 年代至 40 年代的初创阶段拉开帷幕。

冬奥会于夏蒙尼诞生

1924 年，第一届冬季奥林匹克运动会在法国夏蒙尼举办。这届冬奥会的金牌上刻的是一位穿戴着滑雪、滑冰装备的运动员，其背景是覆盖着皑皑白雪的阿尔卑斯山主峰勃朗峰。勃朗峰曾是欧洲人无法企及的雪山之巅，在欧洲文化的意象中代表着"敬畏、危险"。而夏蒙尼这座阿尔卑斯山下的小镇，早在19 世纪初就出现在欧洲文学作品之中，雪莱夫人在 1818 年写下了《弗兰肯斯坦》这部小说，它被后人视作最早的科幻小说，夏蒙尼正是故事中的核心场景之一。

---

① 对于这段历史还有一种更为戏剧性的说法："在会议记录中，由于秘书人员的疏忽，这个体育周竟被写成了'第一届冬季奥运会'！后来国际奥委会竟认可了这个'疏忽'，并追认夏蒙尼体育周为第一届冬奥会。"出处：《"冬奥会"源自秘书笔误》，载《现代班组》2008 年第 8 期，第 53 页。

然后我开始攀登高耸入云的山峰，很快，我进入了夏蒙尼峡谷。这条峡谷看起来更加巍峨壮阔，但并不如刚才经过的塞沃克斯山谷那样风景如画。白雪掩盖的起伏山脉，广阔的冰川延伸到了道路两边，我隐约可以听见冰块坠落时发出的轰响，望见激起的袅袅白雾。高耸入云的勃朗峰，在塔尖一样的群山中鹤立鸡群，那巨大的圆形拱顶俯瞰着整个峡谷。

——雪莱夫人，《弗兰肯斯坦》（*Frankenstein*），1818 年

在《弗兰肯斯坦》的故事中，由尸体器官重组而成的科学怪人因外形丑陋而被人们驱赶，因爱生恨伤及无辜，创造他的科学家一路追捕，最终在勃朗峰与其重逢。在昏暗、阴森的氛围映衬下，勃朗峰呈现出"未征服之地"的意象。作为阿尔卑斯山最高的山峰，勃朗峰又被称为"被诅咒的山峰"，然而人们并未放弃对勃朗峰的征服，当地人雅克·巴尔玛和加百利·帕卡德医生于 1786 年 8 月 8 日首次成功登顶勃朗峰。19 世纪至 20 世纪，有更多的登山者先后攀登上勃朗峰。如今，攀登勃朗峰早已不是普通意义上的登山，更多地被转化为对"欧洲屋脊"的"探索、征服"之意。

夏蒙尼成为冬奥会诞生地的另一个社会背景则是它是欧洲早期的滑雪胜地。然而，其在成为滑雪、度假胜地之前，主要是作为肺结核疾病的疗养场所。患病的富裕阶层选择在阿尔卑斯山周边的镇子里，享受干净空气获得休养，随着身体状况

越发好转，度假者和来这里养病的人们开始寻找打发闲暇时间的消遣方式，于是滑雪成为他们的选择。夏蒙尼海拔1050米，自然条件优越，顺理成章地成为欧洲最早的疗养地和冬季运动中心。

由于古代奥运会中并没有冬季运动，而现代已有北欧运动会，很多北欧国家的奥委会，甚至国际奥委会内部，都对专门举办冬奥会持有异议。最终，国际奥委会主席顾拜旦力排众议，使得"国际冬季运动周"千呼万唤始出来。"冬季运动周"于1924年1月25日至2月5日举办，得到了法国国家奥林匹克委员会委员长贾斯汀·德·克莱伯爵的帮助，在顾拜旦主导下，16国共258名运动员（包括11名女性运动员）参加了比赛。在运动会开幕式上，时任法国科技教育国务委员的斯通·比达尔作为法兰西共和国长官，宣布大会开幕。法国滑雪运动员卡米尔·曼德里隆宣誓，他同时担任了法国代表团的旗手。

由于最初夏蒙尼只被国际奥委会允许举办"国际冬季运动周"，所以这一活动在当时并非奥运会，自然在开幕式上没有火炬传递和点燃圣火的环节，但这被许多人记忆为"一场非常朴素但却无比庄严的开幕式"。当天虽然阳光普照，但天气寒冷，所有参赛国在1月25日星期五下午参加了开幕式。入场仪式从速度滑冰和花样滑冰选手开始，之后是肩扛雪板的滑雪运动员，冰壶选手们的"扫帚"也格外吸引观众视线，最后，雪橇队拉着他们的长橇抵达现场。

选手们之后是高山导游、消防队员、退役军人和学生队列，许多夏蒙尼镇民也参加了入场仪式。东道主法国代表团共有 46 人，人数最多；英国代表团由 35 人组成，而挪威代表团只有 16 人。在开幕式上，来自 16 个国家的 294 名运动员、工作人员首次集结在了一起。法国制作人罗伯拉利用此次机会制作了第一部关于冬奥会历史的影片。

在"国际冬季运动周"的 12 天比赛中，共进行了 6 个大项 16 个分项的比赛，有 33000 名观众观赛，共颁发金牌 43 枚。冬奥史上的第一枚金牌由美国速滑运动员查尔斯·朱特劳获得。朱特劳来自美国普莱西德湖，他的父亲是那里的速滑场管理员。大萧条时期，朱特劳被迫去做扫地的工作。他在夏蒙尼的表现证明了贫穷的家庭条件并不能限制自身的实力。他在有 27 名运动员参赛的 500 米速度滑冰的比赛中，以 44.0 秒的成绩夺冠并打破世界纪录。

法国在 1924 年举办了巴黎夏奥会和夏蒙尼冬奥会，由于芬兰人在夏奥及冬奥赛场上的精彩表现，1924 年的奥林匹克运动会可以说是被芬兰人统治的。如果我们把巴黎夏奥会称为"努尔米奥运会"①，那么夏蒙尼冬奥会则可以被叫作"顿贝格冬奥会"。在这届冬奥会上，芬兰队速度滑冰选手克拉斯·顿

---

① 帕沃·努尔米（Paavo Nurmi），芬兰人，长跑运动员，共获得 9 枚奥运会金牌、3 枚奥运会银牌，在 1924 年巴黎夏奥会包揽长跑 5 金。

贝格取得 3 金 1 银 1 铜共 5 枚奥运奖牌的优异成绩，成为获得奖牌数最多的运动员。

　　整个冬天都在赫尔辛基户外刻苦训练，前一年的 12 月乘船去了波兰，然后坐火车去了柏林进行了室内训练。1 月初，我搬到达沃斯继续培训，住在一个挪威家庭里，因为那里的酒店太贵了，而芬兰奥委会又无法提供足够的资金供运动员住酒店。他们甚至没有钱给我们的速度滑冰队聘请教练和购买制服。没有人会讲德语或英语，食物也有问题，尽管滑雪队自己带了赛前一周的食物。

　　颁奖典礼在一家非常豪华的酒店举行，我们不得不穿晚礼服，但我们队只能在那里住一晚。当我们下楼时，美国和加拿大的队伍为我们列队，邀请我参加明年冬天在美国举行的比赛。当我们到家时，有一万人在火车站等着迎接我们。人们给我起了个绰号叫"冰上的努尔米"，但我一直都不太喜欢这个名字。他是努尔米，我是顿贝格。但他给了我一些很好的提示，其中包括在我的训练中加入舞蹈。我过去常常一个人抱着垫子跳舞，每天跳一个小时。

　　　　　　　　——摘自顿贝格与朋友英格玛·比约克曼的谈话

　　这段谈话说明，北欧国家大力发展了冰上运动，并通过"国际冬季运动周"这种影响力较大的国际性比赛真正展现了大力发展的成果。舟车劳顿的芬兰选手克拉斯·顿贝格只错过了速滑 500 米的金牌（这项比赛的金牌被美国速滑选手查尔斯·朱特劳摘得），他以 0.08 秒的差距位居第三，取得铜牌。这大大地刺激了他和芬兰队，在此后的比赛中，他拿下 1500 米、5000 米、全能比赛的冠军，又在速滑 10000 米比赛中拿下 1 枚银牌。

挪威队表面上显得有些寒酸，但挪威滑雪之王托勒夫·豪格从比赛一开始就给所有的竞争者和观众留下了深刻的印象。简言之，他在每场比赛中都战胜了所有的竞争者。在第一场 50 公里的越野滑雪比赛中，他身穿 23 号战袍出发，超过了前面 20 个顺位竞争者，以 3 小时 44 分 32 秒的成绩夺冠，领先第二名 2 分多钟。他还在越野滑雪 18 公里比赛中夺魁，以 1 小时 14 分 31 秒的成绩再次战胜了竞争者，排在第二位的依然是挪威队的选手，和第一名相比，他的用时多出了 1 分 30 秒。豪格在北欧滑雪全能项目上也获得了冠军。在跳台滑雪上，挪威也当仁不让地包揽前三，豪格为挪威增添 1 枚铜牌。豪格在当时获得了 3 枚金牌和 1 枚铜牌。50 年后，豪格早已去世，但历史学家发现了在当时跳台滑雪比赛中积分计算上的一个错误，这使美国的安德斯·豪根的成绩超过了豪格。在奥斯陆举行的一个特别仪式上，豪格的女儿向这位 83 岁的美国人返还了这枚迟到的奖牌，体现了奥林匹克的公平精神。

在 1924 年第一届冬奥会开始之前，花样滑冰就已经出现在夏季奥运会的比赛中。在 1920 年安特卫普夏奥会的花样滑冰比赛中，瑞典花样滑冰选手格拉夫斯特伦的精彩表现让他得到了 6 名裁判的满分，并获得了自己的第一枚奥运金牌。在 1924 年的"国际冬季运动周"上，他又成功夺取冬奥会历史上第一枚花样滑冰金牌，实现了这个项目在奥运会中的卫冕。

在花样滑冰女子方面，22 岁的奥地利运动员赫玛·萨博是花样滑冰的新女王，但观众和专家们却把目光更多地投给了 11 岁的索尼娅·海妮。作为所有比赛中年龄最小的选手，她没有参加初赛，在最后一刻才搭上通往冬奥赛场的末班车，在比赛中更是排名垫底。但是，在 3 年后的世界锦标赛上，她获得了冠军，从此开启了她传奇的运动生涯。而作为这位年轻的超级明星的教练，吉利斯·格拉夫斯特伦更是凭借教练员的身份再一次提高了自己的声誉。

冰球赛场属于项目宗主国加拿大，由于东海岸和西海岸都是职业联赛，加拿大很难找到一支强大的业余冰球队参加奥运会。在 1920 年安特卫普夏奥会表演项目中，温尼伯猎鹰队轻松赢得了冠军，而 1924 年，代表加拿大出战的是多伦多花岗岩俱乐部，在 5 场比赛中，进球得分 110，最后决赛以 6 比 1 战胜美国。冰球是运动员和观众参与最多的比赛，热情的法国观众甚至站在屋顶和烟囱上眺望赛场。

在本次"国际冬季运动周"上，挪威获得 4 金 7 银 6 铜共

17 枚奖牌，排名第一。第二名芬兰获得了 10 枚奖牌，第三名奥地利获得了 3 枚奖牌。"国际冬季运动周"的成功举办对冬季运动本身，对举办地法国夏蒙尼，对冬季运动在国际舞台上的认可，都起到了积极的推动作用。夏蒙尼证明了其完备的赛事组织设施和接待大量游客的能力，并使得其服务水平、基础设施、造雪能力等成为模范，激发了周边滑雪小镇筹办冬奥会的热情，如瑞士的圣莫里茨等拥有大型滑雪场的小镇随后加入了申办竞争；同年，随着国际交往的深入，国际滑雪联合会（FIS）成立，这大大促进了国际滑雪运动朝着规范化、普及化的方向发展。夏蒙尼冬奥会的成功举办对于冬奥初创阶段意义深远，两年后（1926 年），北欧运动会完全废止，冬季运动正式进入奥林匹克大家庭。

香槟气候与"吾能比耶"

肺结核促使阿尔卑斯山周边诞生了许多疗养胜地，而抗生素的发明有效提高了疾病治愈率。在那之后，疗养地的功能发生转变，阿尔卑斯山周边作为冬季运动中心的地位越发凸显，其中具有代表性的就是瑞士的圣莫里茨。

1928 年第二届冬奥会（也是冬奥会确立后正式的第一届）在瑞士圣莫里茨举办。当时，冬奥会、夏奥会应该由同一国家来举办，但是第九届夏季奥运会举办地是荷兰的阿姆斯特丹，而荷兰作为世界平均海拔最低的国家，不具备在山地举办滑雪赛事的条件，只得让出冬奥会举办权，大赛转移至瑞士的圣莫里茨。这届比赛共有来自25国的464名选手参赛，其中德国基于"一战"的原因未收到1924年法国夏蒙尼冬奥会的邀请，在第二届瑞士圣莫里茨冬奥会中，德国第一次登上冬奥会的舞台。

本届观众人数达到了29000余名，人们涌入了小镇所有的旅馆、民宿，挤满了小镇内的交通工具。在20世纪初，欧洲大陆上的人们将在圣莫里茨露面视为一件很时尚的事情。这里四季都可以开展漫步、骑行、泛舟等休闲活动，雪地赛马及雪上马球都是传统的冬季赛事，此外，恩嘎丁戏剧节和音乐周，还有赛根蒂尼美术馆等都为这座小城增添了人文氛围。晚上，穿着漂亮衣服的人们在街上闲逛，女人们华服盛装，男人们也穿起了燕尾服，他们将奥运会当作时髦的活动，但大多数富裕的游客对奥林匹克精神并不太感兴趣。

圣莫里茨是高山冬季运动的发祥地，因成功举办两届冬季奥运会和滑雪比赛而闻名于世①。除了是滑雪度假胜地，圣莫里茨还是滑行类项目（雪车、钢架雪车）的诞生地。虽然雪橇作为一种交通工具已经被使用了数个世纪，但用于竞赛的"雪

---

① 瑞士分别于1928年和1948年举办过两次冬奥会，都是在圣莫里茨。1934年、1948年、1974年、2003年圣莫里茨四度主办高山滑雪世锦赛，并于2017年成功举办第五次。

车"直至 19 世纪晚期才出现。1897 年，世界首个雪车俱乐部在瑞士圣莫里茨成立，当时使用的赛道是现成的山间道路和小径。国际有舵雪橇和平底雪橇联合会成立于 1923 年，次年，在法国夏蒙尼冬奥会上首秀的是四人男子雪车，而到了 1928 年的冬奥会，很奇怪的是四人雪车改为了五人雪车，这也是历史上唯一的五人雪车比赛。

瑞士圣莫里茨被阿尔卑斯山脉的森林、湖泊和山峰所环绕，这座坐落在瑞士东南部、因河河谷上游的小城自古以来就享有得天独厚的气候条件。圣莫里茨附近的乡村山谷、伯尔尼的山脉和神秘的湖泊、千年的冰川，有着无尽的优雅和高贵的魅力。圣莫里茨以其清新的"香槟气候"闻名于世。这座城市海拔 1856 米，所到之处不缺少湖泊、绿树和蓝天，这里冬季湖水会结冰，夏季七八月都可能下雪，每年平均有 322 天的阳光，干燥的大陆性气候造就了圣莫里茨丰富多样的四季景观，干燥的空气和闪耀的阳光交相呼应，空气会似香槟气泡般闪闪发亮，所以当地人称这种气候为"香槟气候"。

但是，1928 年突变的天气对于运动员来说是一种诅咒——气象条件严重影响了成绩。开幕式因大风雪延迟 50 分钟，天空乌云密布，选手们跟着钟声和大炮的声响行进。这次比赛对主办方和选手们来说，都是一场艰苦卓绝的考验。在整个赛事进行的过程中，天气条件一直是最恶劣的影响因素，尤其是 50 公里越野滑雪比赛时的大风，使比赛场地如同地狱般沉寂。雪道大多是在气温接近零摄氏度时制成的，但过了几个小时，温度计就显示 25 摄氏度，沉重而潮湿的雪板和涂在上面的滑雪蜡无法发挥任何效果。50 公里越野滑雪比赛日的天气是从冬奥会开始到结束的日子里最差的，整日乌云滚滚，雨持续下了 24 小时。大部分滑雪运动员都放弃了比赛，而瑞典队的"三剑客"顽强坚持，包揽了前三名。但他们的比赛成绩却大幅下降，冠军艾里克·海德伦德的最终用时为 4 小时 52 分 3 秒，而这一项目在夏蒙尼的纪录是 3 小时 44 分 32 秒，慢了 1 小时 7 分之多。

速度滑冰 10000 米的比赛因气温上升导致冰面融化，再加上手动计时存在误差且效率过低，最终只能判比赛成绩无效。北欧两国——芬兰和挪威，依然十分强势，在速度滑冰的 3 个项目中几乎包揽所有奖牌，芬兰获得 2 金 1 银 1 铜，挪威获得 2 金 1 银 3 铜，只有美国人法雷尔在速度滑冰 500 米比赛中抢来了 1 枚并列的铜牌，而与他并列的两位正是芬兰人和挪威人。这样耀眼的成绩再次证明了北欧国家在冰雪运动上的统治地位。

在花样滑冰赛场上，35 岁的瑞典老将格拉夫斯特伦继续留下了了不起的纪录。自 1920 年以后，他连续 3 次参加了男子花样滑冰比赛，并获得了 3 枚金牌。这足以使格拉夫斯特伦在瑞典冰雪运动上名留青史，他紧随瑞典的伟大冠军、1908 年北欧运动会冠军乌尔里希·萨霍夫之后，在冬奥名人堂留下了自己的名字。说起格拉夫斯特伦的宿敌萨霍夫，他在完成个人独创动作的过程中，在跳跃后突然跌落，错过了奖牌。不知是不是命运的反讽，后来这一失误的动作却被命名为"萨霍夫跳"①。格拉夫斯特伦在巅峰时期一直不得不与这位著名的前辈进行艰苦的"战斗"，他在4年后的普莱西德湖夺得银牌，为职业生涯画上了圆满的句号。

上一届参赛时还是小女孩的索尼娅·海妮迅速成长，年仅15岁就获得女子花滑冠军，她作为最小年龄花滑冠军的纪录维持了74年。比赛期间，她的父母总是陪伴在她身边，他们坐在距离女儿最近的观众席上，从来没有错过女儿出色的表现。1928年成为她登顶奥运冠军的元年。自从夏蒙尼冬奥会之后，海妮进步明显。她的表演非常特别，观众和裁判都跟过来观看她的动作。年幼的"冰上精灵"不仅形象优雅，还凭借果敢且无可挑剔的技术征服了观众。一旦她出现在冰面上，观众就用掌声和欢呼向她致意。海妮率先穿着短裙和长袜进行比赛，引发了花滑革命。这种装扮迅速为其他人所接受，脱掉了使她们运动不便的礼服长裙。最终，索尼娅·海妮点燃了人们的热情，以惊人的滑冰技术摘得桂冠。奥地利选手弗丽茨·布尔格只得屈居第二名。这种情况在1932年普莱西德湖冬奥会的比赛中重现。

在这届运动会中，冰球参赛人数几乎占到全部运动员的一

---

① 萨霍夫跳（salchow jumps）又称为后内节环跳，是花样滑冰六种基本跳跃中的一种。由瑞典运动员乌尔里希·萨霍夫（Ulrich Salchow）最先完成，故以他的名字命名。

半，共有 11 支队伍参赛，加拿大实力超群，不仅得到组委会允许，直接进入决赛轮，还每一场都是以两位数的大比分零封战胜对手①，最终夺得冠军。而代表加拿大参赛的也只是其国内 1927 年业余赛事冠军多伦多大学队，由此可见当时全球冰球竞技水平差距悬殊。

挪威队获得 6 枚金牌、4 枚银牌、5 枚铜牌，在参赛国中排在首位。其次是美国（6 枚）和瑞典（5 枚）。与在滑雪场举行的晚会一样，参加闭幕式的嘉宾还有瑞士联邦委员会官员舒尔特斯和国际奥委会主席拉图尔公爵，参加闭幕式入场仪式的不仅有运动员，还有社交界人士，打扮漂亮的夫人们也和穿着得体的绅士们一起"粉墨登场"了。最后，闭幕式上宣布，冬奥会将离开欧洲，下一届在美国普莱西德湖举办。

第二届冬奥会上首次出现了亚洲人的身影。日本在 20 世纪初开始普及冬季运动，1925 年和 1926 年先后加入了国际滑冰联盟和国际滑雪联合会，并于 1928 年参加冬奥会，成为第一个参赛的亚洲国家。圣莫里茨与中国有一段不可忽视的历史，新中国派出代表团参加冬奥会是在 1980 年的美国普莱西德湖，但中国人最早和冬奥会的接触却是在 1928 年。

1922 年，中国业余运动联合会已经得到国际奥委会承认，后改名为"中华全国体育协进会"，相当于中国奥委会，1928

---

① 零封战胜对手，是指打赢对手且使其没有获得分数。

年得到参加阿姆斯特丹夏季奥运会的邀请。由于当时从中国到达欧洲的路程遥远，所以派出丹麦公使罗忠贻和名誉干事宋如海①前往，后者当时正在美国春田学院②留学攻读体育学。在荷兰期间，宋如海为了增进中外体育交流，让更多的中国人了解西方体育，他深入调研、考察赛事、收集资料，并将所见所闻以新闻稿的形式发回国内，系列报道名为《吾能比耶》，取奥林匹亚谐音，亦表达中国人也可以与世界各国在奥林匹克赛场上同场竞技的愿望，稿件共计 14 篇，1928 年 8 月 21 日至 10 月 18 日发表在《申报》上。

作为接触冬季奥运会的第一人，宋如海后来又将稿件整体提升，编写了《我能比呀：世界运动会丛录》一书，于 1935 年由商务印书馆出版。这本书的内容包含奥林匹克起源、精神、项目、场地、规则、比赛成绩等的细致介绍，值得关注的是，其中还有冰雪运动照片介绍、冰雪项目的规则介绍，记录了"雪靴赛"（滑雪）、索尼娅·海妮的花样滑冰等比赛情况。

像这样的中国人接触冬奥的史实长期被忽略，所以追溯源头的工作并不容易。因为时代久远，这份宝贵的资料被人遗忘，

---

① 中国首位奥运观察员，1890—1958 年，安徽怀宁人。1923 年，受中华全国体育协会委派，作为中国观察员赴荷兰，出席阿姆斯特丹第九届奥林匹克运动会，并当选为奥林匹克运动委员会委员。
② 春田学院（Springfield College）位于美国马萨诸塞州，创办于 1885 年，因培养了大量体育教师等体育专业人才而誉满全球。春田学院还为中、日、韩等国家培养了体育人才，为国际体育教育发展做出了贡献。

直至 20 世纪 90 年代才在浙江一所大学的图书馆中再次被发现，它的史实价值被重新发掘，并因为冬奥研究兴起而为更多人所知。一如发现这一史料的学者所说："没有金牌，著作只是摇旗呐喊为人作嫁，或落到尘封湮没的命运；没有著作，说明文化、科学落后，金牌亦将逊色。"[1] 无论是 1928 年宋如海对于奥运的文献记录，还是 1932 年洛杉矶奥运会刘长春单刀赴会，奔赴"一个人的奥林匹克"，不积跬步，无以至千里，中国奥林匹克人的付出和努力应被世人铭记。

第一次迁徙与变异

1932 年，弗雷德里克·马奇凭借在电影《化身博士》中对双重性格的精彩表演获评当年奥斯卡和威尼斯最佳男主角奖。如果说夏蒙尼诞生了《弗兰肯斯坦》中的怪物，那么《化身博士》中形成了"杰基尔医生与海德"的矛盾对立，两部作品有极强的互文性，直指对人类中心主义的批判。集天使与魔鬼于一身，其叛逆和挣扎与冬季运动的发展极其相似。美国文化与欧洲传统虽然一脉相承，但在发展中又存在变异，变化带来的

---

① 汤铭新、朱方东、钟瑞秋：《简论宋如海〈我能比呀：世界运动会丛录〉在中国奥林匹克史中的地位与影响》，载《浙江体育科学》1999 年 2 月第 21 卷第 1 期。

结果有利有弊，但从整体上看，利大于弊。对于冬季运动来说，1932年冬奥会迁移到美国举办，是受北欧传统影响的欧洲体系和独树一帜的美洲风格之间的一次直接冲撞，放置于更广阔的历史图景中，迁徙带来了冬奥基因的进化。

举办1932年夏季奥运会的美国拥有举办冬季奥运会的优先权。前两届赛事的顺利举办，让许多国家看到了冰雪运动的魅力，到第三届时，申办城市多达8个。国际奥委会最终将举办权交给了美国东北部小镇普莱西德湖，不仅是因为该地得天独厚的冬季运动发展基础，更考虑到冬季奥林匹克来到北美洲，必将加速奥林匹克在全球的影响力和布局。美国人为办成这项赛事付出的努力是切实可见的，组委会主席杜威甚至捐出自家私有土地用作雪橇比赛场地。大赛开幕式由时任纽约州州长的富兰克林·罗斯福主持，由速度滑冰运动员杰克·谢亚代表运动员宣誓。在为期10天的比赛中，在80万名观众的注视下产生了42枚奖牌。

当时，美国还没有像欧洲一样的冬季体育设施，这种先天缺陷也许是本届奥运会竞赛组织层面失败的根本原因。因为普莱西德湖没有下雪，组委会在最后一刻决定从与加拿大接壤的边境运雪来制造赛道。另外，席卷全球的经济危机导致各国缩减体育方面的资金支持，毕竟跨过大洋参赛需要额外的成本，参赛国从25国减至17国，参赛人数也从圣莫里茨的464名降至252名，其中东道主美国的选手多达77名。

相较于前两届冬奥会海报的宣传方式，1932 年普莱西德湖冬奥会第一次出现了会徽的图案，会徽上采用跳台滑雪运动员的剪影。然而，普莱西德湖跳台比赛并未因此获得好运，由于气象条件很差，比赛几乎要泡汤，最终，和其他项目一样，在几经周折之后依旧进行。跳台滑雪比赛在 2 月 12 日早上举行，比赛开始后，雨还是下个不停。选手们勉强进入了几乎要变成游泳池的场地。雨天加上寒流，选手们在跳台高处都快被冻僵了。挪威人比格尔·约翰内斯·鲁德来到普莱西德湖时刚刚成年，但竞技水平已经是世界顶级，他没有让观众的期待落空。鲁德在普莱西德湖的因特瓦勒跳高滑雪场进行的跳台滑雪个人赛中，第一跳得 113.9 分，第二跳得 114.2 分，他以最终成绩 228.1 分战胜自己的两位队友——汉斯·贝克（227.0 分，银牌）和卡雷·瓦尔伯格（219.5 分，铜牌），赢得该项目的金牌。

　　鲁德一家可谓跳台滑雪三兄弟。他的哥哥西格蒙德·鲁德在 1928 年瑞士圣莫里茨冬奥会的跳台项目中获得银牌，弟弟阿比约恩·鲁德代表挪威参加了 1948 年第五届瑞士圣莫里茨冬奥会的跳台滑雪比赛，获得第七名。他们之所以对跳台感兴趣，是因为对在奥斯陆的霍尔门科伦山上举办的、世界闻名的国际跳台滑雪比赛的热爱。他们自幼在这里的跳台上练习，无数北欧冠军飞翔的身影伴随着鲁德家少年们成长。面对记者的提问，比格尔·鲁德爽朗地说："下一次一定带着救生圈，因为我不会游泳。"比格尔·鲁德共参加过三届冬季奥运会，他的传奇生涯才刚刚开始。

在 1932 年美国普莱西德湖冬奥会开幕前，国际滑联（ISU）决定修改速度滑冰项目的比赛规则，将两人同时起跑出发改为多人共同起跑。这一起跑方式的改变引发了多位运动员的不满，当时的速度滑冰顶级选手顿贝格等就拒绝站在这一比赛规则下的起跑线上。因为多人出发就意味着与对手更多的身体接触，出发时，选手们扭动肘部的滑姿更是增加了选手被碰撞倒地的危险。在这届冬奥会上，美国选手杰克·谢亚在 500 米速度滑冰的比赛中通过肘挡技术抢先入弯，最终获得冠军。而年轻的美国选手欧文·贾菲展示了自己在 10000 米速度滑冰比赛中的绝对统治力，他再次击败了拥有超强实力的斯堪的纳维亚选手获得冠军。

花样滑冰中的双人赛和女子单人赛都是成功的卫冕之战。在 1928 年瑞士圣莫里茨冬奥会结束后，法国花滑明星安德烈·朱莉和皮埃尔·布罗纳结婚了。安德烈·朱莉在 1921 年至 1930 年获得了 10 个法国女子冠军头衔，而皮埃尔·布罗纳也获得了 6 个法国冠军。在圣莫里茨冬奥会获得他们的首枚奥运金牌之后，这对传奇情侣只在男女混合比赛中滑冰。他们在室内滑冰场中出赛，表演充满了稳定感和信心，淋漓尽致地展现着干练和优雅。从 1928 年瑞士圣莫里茨冬奥会开始，女子花样滑冰运动员索尼娅·海妮在各类比赛中几乎包揽了这个项目的冠军。在 1932 年普莱西德湖冬奥会上，只有 20 岁的海妮更是实现了在这个项目上的卫冕。"冰上精灵"再次出现在室内人造冰场上，她的表演比在圣莫里茨时更进一步。索尼娅·海妮感到自己的技术已经达到巅峰，在以高难度著称的跳跃动作中，她的舞姿优美自然，轻松地获得了冠军。

这届冬奥会的雪车比赛极富戏剧性，东道主美国队当仁不让地获得冠军，却胜之不武。由于下雨，跑道受损严重无法使用，以致比赛在十分危险的状态下进行。德国队的选手不适应赛道，导致队伍摔出赛道造成四名队员重伤，不得不结束比赛。在普莱西德湖，德国队受到的伤害远不止于此。世锦赛冠军维尔纳·萨恩和队友组成的德国一队在训练中滑出赛道摔倒在灌木丛中，导致三人受伤，而出事赛道并未配置医疗救护人员，这使得三人难以得到及时的救治。两天后，德国二队遭受更严重的事故，造成队员们脑震荡、骨折等，只得被迫退赛。

1928 年圣莫里茨冬奥会五人雪橇项目的金牌得主菲斯克三世在这届冬奥会上成功帮助美国队获得了四人雪橇项目的金牌，但这位美国舵手不会想到，他与德国的对抗会从体育赛场转移到"二战"战场。7 年之后，他加入了英国皇家空军并参与了"二战"中的对德作战，在战争中壮烈牺牲，年仅 29 岁的他是不列颠空战中首位牺牲的美国飞行员。最终，他的棺材上披上了英国和美国两面国旗，令人肃然起敬。

美国雪车队的埃迪·伊甘与队友合作夺得金牌，由于他曾在 1920 年安特卫普夏季奥运会中代表美国参加拳击轻量级比赛，单日夺得金牌，所以，他成为奥运史上第一位在夏季和冬季奥运会中都获得金牌的选手，也成为奥运会早期两栖跨界达人。

1932 年美国普莱西德湖冬奥会共进行了 14 项比赛，东道主获 6 枚金牌、4 枚银牌、2 枚铜牌；挪威退居第二名，获 3 枚金牌、4 枚银牌、3 枚铜牌；瑞典列第三位，获 1 枚金牌、2 枚银牌。本届冬奥会看似成功举办的背后实则存在许多问题：一方面，由于气象问题和美国距离欧洲较远，比赛运营不佳，主办方时刻都在准备取消或变更比赛。另一方面，组委会和国际单项组织没有对比赛规则做出统一的规定，从而导致比赛充满不公平性和不确定性。例如，国际滑冰联盟在赛前改变比赛方式，从而有利于美国取得更好的成绩，这一举动引起了欧洲选手的抗议；在雪车比赛中，美国的双人雪车虽然在第一回合表现不佳，但他们在比赛间隙利用乙炔灯改变了长橇滑刃外形，帮助他们在比赛中获得了冠军。赛后，这种明显违背体育精神的行为促使国际雪车联合会决定禁止运动队在赛事中改变设备的形态。

冬奥会的第一次迁徙带来了从赛事到文化层面的改变，这无疑是为以欧洲为中心的冬季奥林匹克植入了北美冰雪文化的基因，虽然在赛事层面问题重重，但也直接激发了冬季项目必要的变化和改革，随之拓展了冬季运动的可能性。冬奥会后，普莱西德湖成为北美最著名的冬季运动中心，1980 年，这里举办了第十三届冬奥会。

"二战"阴霾

第四届冬奥会于 1936 年 2 月 6 日至 16 日在德国的加尔米施–帕滕基兴举行，这也是最后一次冬、夏季奥运会在同一国家举行。纳粹党魁希特勒刚刚执掌德国大权，他的野心是借助于奥运会的舞台直接向世界宣扬第三帝国的实力。在不足半年的时间内，纳粹不计成本地修建了大型竞赛场地和附属区域及设施，比较顺利地完成了大会的筹备工作。

为取得主办 1936 年柏林夏季奥运会的机会，德国不惜重金，用大理石和花岗岩建造了可容纳 10 万人的体育场，建起了几十年后仍显豪华的奥运村。他们还适时地做了政治妥协，准许本国犹太人运动员参加比赛，甚至接受了国际奥委会的安排，由犹太血统的莱瓦尔德做筹委会主席。希特勒把奥运会当作宣传自己实力和影响的盛典，把采集圣火、传递火炬的一系列仪式和活动，当作体现纳粹德国实力的良机。在争得了主办权之后，纳粹党干脆一脚踢开莱瓦尔德，直接由纳粹党宣传部长戈培尔主持了奥运会筹备工作。国际奥委会不愿因反目导致半途而废，只得委曲求全地接受了这一羞辱。

为了宣扬纳粹政权，宣传部长戈培尔向参赛国家提供了特别资金，以便向世界展示德国可以举行声势浩大的活动的能力。加尔米施和帕滕基兴是两个邻近的城镇，两个城镇共同举办冬奥会不仅为本次盛会的成功举办保驾护航，更是为 6 个月后在首都柏林举办的第十一届夏奥会做预演。第三帝国从上到下都在策划着这届夏奥会，纳粹党宣传部长戈培尔全力拥护和支持比赛的举办，柏林奥运会筹委会秘书长卡尔·蒂姆负责完善和落实具体事宜。古希腊文化专家卡尔·蒂姆通过研究，复原了古代奥林匹克仪式，提出奥运会应该去希腊采集圣火，之后，在邻近国家沿途接力传递圣火，这直接扩大了纳粹的影响，也成了奥林匹克运动历史上的一大耻辱。国际奥委会在18年后承认，当时在纳粹主义十分嚣张的德国举办奥运会是不合适的。

实际上，美国和很多欧洲国家要求取消在纳粹德国举办此次比赛，但国际奥委会视而不见。亨利·德·拉图尔公爵作为国际奥委会主席第三次主持冬奥会开幕式。1936年2月6日，来自28个国家的选手们还是展开了竞技比拼，这与在普莱西德湖16个国家的比赛形成了鲜明的对比。希腊、澳大利亚、列支敦士登、土耳其等国第一次登上冬奥会舞台，参赛人数从4年前的252人增加到646人。

国际奥委会对于德国冬奥会明确表达了否定的立场，但如果要在这届赛事中找到积极的方面，可能就在于高山滑雪这一项目的加入。包括高山速降和超级大回转在内的高山滑雪项目首次成为冬奥会正式比赛项目，但也存在争议：国际奥林匹克委员会否认国际滑雪联合会的规则体系，并且由于国际奥林匹克委员会倡导业余主义，只有业余运动员才被允许参加奥运会，滑雪教练等职业运动员不被允许参赛，这引起了瑞士和奥地利两国的愤怒，他们共同抵制了该届冬奥会的高山滑雪比赛。

在速度滑冰比赛中，继芬兰选手克拉斯·顿贝格之后，统治速度滑冰的主人公是挪威选手巴兰格鲁德。1928年瑞士圣莫里茨冬奥会上，他在5000米项目中获得冠军，并在1500米项目中获得铜牌。1932年普莱西德湖冬奥会上国际滑冰联盟对比赛规则的改变，使他的竞技状态低迷，发挥欠佳。而在1936年的加尔米施-帕滕基兴冬奥会上，巴兰格鲁德重返巅峰，刷新了3项（500米、5000米、10000米）纪录，获得3枚金牌。巴兰格鲁德整个运动生涯共获得了4枚金牌、2枚银牌和1枚铜牌，是冬奥会初创阶段的代表人物。

这次大会是索尼娅·海妮展示风采的最后舞台。在参加第四届冬奥会前，作为现代花滑改革创新者的索尼娅·海妮宣称，她的业余生涯将在1936年世锦赛闭幕一周后结束。她在24岁时参加了最后一次奥运会。她的表演依然轻松、稳定，轻盈的舞步让人回想起她在夏蒙尼翩翩起舞的幼小身影。

我的抱负就是进入电影界。许多舞者都是演员，我不希望也不打算放弃滑冰，它对我而言意义重大，我相信它和舞蹈一样美丽和有趣。但我想要新的经历，让我的事业再向前迈进一步。我的确怀念比赛的刺激，但最重要的是去滑冰，不管目的是什么。从比赛中退役后，我比以前滑得更多，花样也更多。在为电影做准备的过程中，我学到了以前我认为不可能做到的新技巧和新动作。然而，对我来说，最重要的是我终于可以向公众展示我穿上溜冰鞋跳舞的想法了，这是我小时候的一个梦想。

——摘自索尼娅·海妮的自传《我脚上的翅膀》

伴随本届冬奥会的结束，"冰上精灵"即将离开奥运赛场，奥运三连冠已经足以证明她在花样滑冰历史上的地位。1936年，她成为一名职业花样滑冰运动员，在美国举行了一场舞蹈表演，好莱坞也向她提供了一份不可小视的商业合同。参加过全部四届冬奥会的海妮轻盈地离开冰面，"冰上精灵"的告别是冬奥会初创阶段的终章。

这届奥运会展示了德国的经济、科技乃至军事的全面实力，在标榜体育公平竞争的精神之下，掩盖了纳粹德国觊觎扩张的野心，粉饰了纳粹漠视人命的丑恶嘴脸。卡尔·蒂姆在考证古代奥林匹克文化、恢复奥运会仪式时，一定忘记了阿波罗神庙前的德尔斐神谕："妄立誓则祸近""认识你自己""凡事勿过度"。被那虚伪的假象掩盖的事实终将水落石出。

谁要是仍然标榜或奢谈奥运会的非政治性、非经济性，即所谓纯洁性，必然会遭到世人的质疑。无论是胸怀最纯粹理想的"顾拜旦"们，还是国际奥委会和国际体育单项组织，以及世界各国的政治家们，他们全明白，奥运会随时有可能被裹挟、被演绎为极端民族主义者的舞台，稍不留意就会沦为政客们的超巨型玩具，被玩弄于股掌之上。无论是大战之前，还是和平年代，每届奥运会，人们除了能观赏到运动员们"更高、更快、更强"的精彩献技之外，也不难看到会前、会上、会后形形色色的政治丑闻和商贾闹剧，如 1936 年的加尔米施-帕滕基兴奥运会，足以让奥林匹克者们保持危机感，并时时自省。

初创阶段的问题与意义

从 1924 年到 1936 年的四届冬奥会比赛存在的问题显而易见。从冬奥会举办本身来看，冬季体育竞赛仅在少数欧美国家有所开展，参赛国不具有广泛性，且各国举办冬奥会既无先例，又缺乏经验，更受到天气、场地、器材、交通条件等不利因素的影响，导致比赛效果大打折扣。具体到冬奥会的各单项比赛，由于各个冬季项目的世界单项协会发展不均衡，有的项目缺乏明确的奥运会比赛规则，有的协会尚未成立，项目只能作为表演项目登场，极大地影响了比赛的公平性和精彩程度。从后勤保障方面来看，由于各国奥委会和组织方的物质条件不能完美地应对天气变化，只得随机应变，造成项目设置不固定，基于场地和天气的原因，比赛取消、成绩下降、运动员受伤等情况时有发生。从宏观环境来看，20 世纪 20 年代至 30 年代受到世界经济危机宏观影响，"二战"的阴云即将笼罩全世界，这都导致了冬季奥林匹克在世界范围内形成影响力尚须时日。

第三章

复兴：

战后冬季奥林匹克的恢复

因战争停摆的奥运会

"二战"是人类历史上的一次浩劫。当世界上大多数的国家因为战乱民不聊生时，体育无论是在人们的实际生活中，还是在精神世界里，都被遗忘了。在"二战"历史中，体育场即便出现在人们的视线里，也不过是不具有体育意义的背景罢了。

爱因斯坦在1939年9月致信美国总统时提到，链式核反应具有摧毁性的巨大破坏力。而希特勒和墨索里尼等纳粹主义者迫害犹太人的报应，正是来自犹太裔的科学家。无论是最初提出构想的爱因斯坦，付诸实践的恩里克·费米，还是最终落实曼哈顿计划的奥本海默，在原子弹爆炸的那一刻，物理之神左右了"二战"的终局。其中，进行核试验的费米利用了芝加哥大学校园内的体育活动场地——大学足球场和网球场，这里自1942年美国参战之后，便无人问津，反而成了核试验的安全实验点。在一个无顶足球场的混凝土看台下，有一大片网球场，费米和他的团队就在这里用四万多个灰色的小石墨块儿，建成了核反应堆。①

　　第二次世界大战自 1939 年 9 月开始，直至 1945 年 8 月结束，死伤无数，生灵涂炭，其间没有奥林匹克运动会。现代奥运会共取消过三届：1916 年的奥运会因"一战"取消，1940 年和 1944 年的奥运会及同年的冬奥会也都因战争而无法举办。实际上，获得被取消的两届冬奥会主办权的正是轴心国日本和意大利。1940 年，因日本发动侵华战争，国际奥委会取消了札幌冬奥会。1944 年，国际奥委会出于同样的原因取消了意大利科尔蒂纳丹佩佐的奥运会举办资格。"二战"期间，轴心国德国、日本、意大利先后举办冬奥会的野心不言自明，国际奥委会没有重蹈 1936 年的覆辙。

　　奥林匹克象征和平，是各国实践和平理念的平台；奥林匹克象征团结，是各国文化交流的平台。世界大战和战后经济大萧条打击了人们对于人类进步的信心。这时，人类文明无比需要一场标志性的活动来重振全世界的士气。

复兴时刻：再聚圣莫里茨

　　两种声音：一种是海的呼啸，

　　一种是山的喧响，都雄浑强劲；

---

① ［澳］杰弗里·布莱内：《世界简史：从非洲到月球》，张心童译，上海三联书店 2018 年 7 月，第 243 页。

年年岁岁，你欣赏这两种乐音，

自由女神呵，这是你酷爱的曲调！

——华兹华斯，《一个英国人有感于瑞士的屈服》，1806 年

19 世纪，英国诗人华兹华斯写下诗句，感叹于瑞士屈服于拿破仑的武力，在诗歌中，"山"借指瑞士，"海"借指英国，作者在诗歌中呼唤自由以鼓舞民众在危急存亡之时激发斗志。在 100 多年后的"二战"中，两个国家选择维护自由的方式依然不同，瑞士选择了中立，而英国选择了抗争。

战后，欧洲各国处于艰难恢复期，英国也不例外，首都伦敦在大不列颠战役中被轰炸得满目疮痍。所以，当伦敦决定申办 1948 年奥运会时，并无财力修建场馆，甚至连比赛用的焦渣跑道都取自市民家中壁炉里的碎炭。即便在如此艰难的情况下，英国首相丘吉尔也坚持举办 1948 年的伦敦奥运会，因为作为战胜国，英国需要引领国际社会走向和平发展的新时期，而这世上没有比奥运会更能提振士气的活动了。

奥运会为"二战"后的各国创造了一个擂台，几年前战场上的死敌如今转化为赛场上的对手，以公平竞争的原则进行身体竞技，这必将激发民众的爱国主义和重建家园的信心。一如英国历史学家保罗·爱迪生所说："对于这些 6 年间终日生活在悲伤、空虚、沮丧和屠杀中的人们来说，娱乐——无论是在电影院中还是在运动场上，就成了最佳的宣泄口。"

这届有些寒酸的奥运会丝毫没有影响各国代表队高涨的热情，即便"最后英国政府告知所有代表团，物资匮乏，希望大家能多带些食物"，也丝毫没有影响人们举办一次和平盛事的信念。可在夏奥会之外继续承担冬奥会的举办，无论是在地形、气候还是经费方面，对英国来说，都颇为勉强。随后，瑞士把握机会向国际奥委会提出由圣莫里茨举办 1948 年的冬奥会，这也是战后恢复的第一届奥运会。

　　在奉行中立政策之后，瑞士树立了与世无争的国际形象，尤其是其举世闻名的钟表制造业和当地众多的国际组织、金融机构给人留下了该国高端、优雅的形象。这样的风格很容易让人们忘记瑞士是靠强劲的军事力量发家的。在中世纪，瑞士向周边城邦国家提供雇佣兵这种劳务输出，最具代表性的案例就是梵蒂冈教皇卫队至今使用的仍是瑞士卫队①。在民族国家崛起后，瑞士佣兵失去了市场。瑞士自近代开始奉行中立政策，这使其在"二战"期间免受战争的迫害，瑞士永久的中立性不是因为缺乏盔甲，相反，它的中立性正是由军事硬实力作为条件保证的，瑞士的盔甲是其永久的武装。在全体国民的共识下，瑞士作出了全民皆兵的选择，而这一选择更是为瑞士带来了长

---

① 1527 年 5 月 6 日，在罗马之劫中，时任西班牙国王和神圣罗马帝国皇帝的卡洛斯一世率领 3 万大军包围罗马，意图抓捕教宗。瑞士近卫队为履行职责掩护教宗撤离而进行了惨烈的战斗，189 名士兵中有 147 人阵亡，余下的 42 名士兵成功掩护教宗安全撤离罗马。瑞士近卫队同时也得到了绝对忠诚的评价，直到今天都是梵蒂冈的保护力量以及仪式象征。

期的和平稳定，也使国家富裕起来。

伦敦成就了圣莫里茨，帮助圣莫里茨成为第一座两次承办冬奥会的城市。圣莫里茨自 1928 年第二届冬奥会过去 20 年后，又成为全世界冰雪爱好者关注的焦点。得天独厚的自然条件、瑞士人的首创精神，以及发达的服务业，都是圣莫里茨最著名的名片。到 1948 年这一届冬奥会时，圣莫里茨当地有多达 8 家五星级酒店投入使用，因此这届冬奥会未兴建奥运村，参赛选手都住在赛场附近的酒店内，这届冬奥会被誉为名副其实的"旅馆奥运会"。

来自瑞典的西格弗里德·埃德斯特伦继比利时的亨利·德·拉图尔之后，成为国际奥委会主席。28 个国家的 669 名选手（男 592 名、女 77 名）在圣莫里茨进行了 10 天的比拼，22 个项目的比赛中产生了 68 枚奖牌。

本届冬奥会共有 4 个大项，小项数量首次突破 20 个，恢复了四人雪车和钢架雪车比赛，新设了由越野滑雪和跳台滑雪组成的北欧两项。新列入的项目是高山滑雪男子女子的回转、大回转和速降比赛。在战后复兴的冬奥赛事中，高山滑雪超过了北欧滑雪，成为最受关注的比赛。美国的电视频道首次尝试转播，比赛信号从苏黎世传递到了纽约。

很多优秀的运动员在战争中逝去，幸存下来的许多人也远离了训练和比赛，面对战争带来的困难，挪威著名跳台滑雪运动员比格尔·约翰内斯·鲁德的回归无比振奋人心。鲁德曾在 1932 年普莱西德湖冬奥会中夺得跳台滑雪项目金牌，又在 1936 年加尔米施-帕滕基兴冬奥会上成功卫冕。参加本届比赛时，鲁德已经快 40 岁了，他因为"二战"中断训练十多年，作为挪威反纳粹统治斗争者，甚至被投入过集中营。再次来到奥运赛场的鲁德非常不易，历经战争的洗礼，在普莱西德湖夺金 16 年后，鲁德获得 1 枚奥运银牌。这一宝贵的成绩宣告鲁德不仅是位伟大的运动员，也是历经岁月洗礼而不放弃的伟大英雄。

在受人关注的高山滑雪比赛中，最闪亮的星是法国队的亨利·奥雷耶，他赢得了男子速降和全能项目的冠军，并在特殊回转项目中获得铜牌。在滑降比赛中，奥雷耶的风格受到了很多关注，几乎是"自杀式"的下坡冲刺让他以 4 秒多的优势战胜了奥地利选手弗朗茨。虽然他在滑行时有点失去平衡，不得不用一只脚负重，每每几乎要摔倒，但仍滑出了 77 公里的时速。奥雷耶展示了奥林匹克精神一个向度——冒险主义，在这一点上，无人敢与他近乎鲁莽的勇敢相媲美。退役后，他成为拉力赛车手，之后死于一场赛车事故，虽然死得惨烈但死得其所。

北欧国家依然是速度滑冰项目上的王者。在本届冬奥会上，速度滑冰项目共产生了 4 枚金牌，芬·赫尔格森（500 米）、斯·法斯塔德（1500 米）和雷·利亚克勒夫（5000 米）为挪威夺得了其中的 3 枚金牌。500 米的速滑比赛竞争非常激烈，冠亚军成绩仅有 0.1 秒之差。有 3 人并列亚军，4 人并列第六名。10000

米金牌被瑞典的阿·赛法尔特获取，这一成绩值得大书特书，作为北欧冰雪强国，瑞典终于打破了挪威和芬兰在此项目上的垄断，实属不易。

北美国家在冬奥会上的成绩在战后有所突破，在男子花样滑冰比赛中，美国成了欧洲的主要对手，其中最具威胁的是16岁便获得美国花样滑冰全国冠军的理查德·巴顿。在圣莫里茨，这位哈佛大学生才刚刚18岁，他的出色表演使欧洲选手目瞪口呆。他轻松取得了男子单人项目的金牌。

理查德·巴顿的成就包括：

· 最年轻的冬奥会花样滑冰冠军
· 首创"两周半跳"
· 首创"后外结环三周跳"
· 首位获得欧洲冠军的美国人
· 首位美籍冬奥会花样滑冰冠军
· 第一且唯一在冬奥会花样滑冰中连续两届夺得金牌的美籍选手
· 第一且唯一的男子花样滑冰大满贯选手

尤其是其包揽了美国、北美、欧洲、冬奥会、世界锦标赛全部冠军的表现确实值得载入史册。退役后，他作为美国花样滑冰队教练继续发光发热。

巴顿的成功也是战后冰雪人才转移的成果。战争期间，为了躲避战乱和迫害，很多欧洲的精英人才流向了美国，如前文讲到的大批犹太裔科学家移民至美国，奠定了战后美国科学文化的发展基础，冬季运动亦然。法国的花滑冠军布吕内夫妇、挪威花滑奥运三连冠得主索尼娅·海妮等，都在"二战"前后移居美国，这极大地促进了这项运动在美国的发展和美国选手技术水平的提高。布吕内夫妇决定定居美国密歇根州，在那里开办滑冰学校，发挥自己的才能。他们培养出了无数的滑冰选手，其中就有在 1960 年美国斯阔谷冬奥会上获得冠军的美国选手凯勒·海斯、获得第三名的加拿大选手唐纳德·杰克逊，还有在 1984 年萨拉热窝冬奥会上获得冠军的美国选手汉密尔顿·斯洛特。

在冰球场上，"两支美国队"发生激烈的口角，使比赛变得混乱不堪。第一支队伍美国业余体育联合会（AAU）试图在没有到美国奥委会登记的情况下参加比赛，遭到国际奥委会的拒绝。第二支队伍美国业余冰球协会（AHA）是在国家冰球联盟注册的，得到瑞士奥组委参赛邀请，但不受美国奥委会管辖。国际奥委会坚持拒绝两支美国队参赛，立即引发了国际奥委会官员与国家冰球联盟代表之间的纷争。为了避免混乱，国际奥委会最终做出了接受第二支队伍 AHA 参加比赛的决定。但当时在场的美国奥组委主席、下届奥委会主席艾弗里·布伦戴奇以重视奥林匹克固有的业余精神为由，支持第一支队伍 AAU 参赛。在这种情况下，双方争执无果，即使比赛已经结束，但 AHA 仍被判成绩无效，让出了排名第四的位置。经过此番论辩，国际奥委会与单项组织的关系进一步恶化，在 1949 年 2 月斯德哥尔摩举行的第三十二届国际奥委会总会上，国际奥委会与国家冰球联盟断绝了所有关系，奥运会中关于业余主义的争论依然没有停止。

钢架雪车曾于 1928 年和 1948 年在瑞士圣莫里茨冬奥会上进行过比赛，1948 年冬奥会之后，钢架雪车项目被取消，直到 2002 年的盐湖城冬奥会，钢架雪车才再度成为冬奥会的比赛项目，也就是说，20 世纪只有两届冬奥会举办过钢架雪车比赛，且都是在瑞士圣莫里茨。在无法进入奥林匹克大家庭的漫长岁月里，钢架雪车一直作为非奥项目发展，最终，经过长期的坚持回归人们的视野。圣莫里茨作为滑行类项目的起源地依然保持着悠久的传统，克雷斯塔赛道是世界上唯一的人工赛道，赛道长 1600 多米，每年赛季开始前都需要 3 周时间进行修建，除了当地人之外，来自意大利的工人也参与其中。赛道的轨迹几乎与前一年无缝对接，从附近滑雪场运来的雪把草坪建成了一个冰沟骨架，之后进行浇水制冰，大概要使用 4000 立方米的水才能把骨架填满，结冰后的滑道使用亚麻布袋遮挡，防止阳光直射使之融化。建造好的克雷斯塔赛道可以使用到次年 4 月。赛道中难度最高的部分被叫作"羽毛球弯道"，那些在这个弯道翻橇或者滑出的选手自然加入"克雷斯塔羽毛球俱乐部"的名单。

第二次举办冬奥会奠定了圣莫里茨在冬奥历史上的地位，如今，这里仍然是高山滑雪、雪车、雪橇运动员最向往的冬奥圣地。

冬奥回归北欧

来自 30 个国家的 694 名选手（男 585 名、女 109 名）参加了 1952 年挪威奥斯陆冬奥会。1948 年被排除在奥运会之外的德国和日本也受邀参加比赛。共有 30 个国家派出了代表团，这届奥运会在参赛人数上创造了新的纪录。葡萄牙和新西兰首次参加了冬季奥运会。为期 12 天的比赛共进行了 4 个大项 22 个小项的比拼。在 53000 多名观众的关注下，共决出 67 枚奖牌。

从 1924 年开始，冬季奥运会的举办城市都是"滑雪小镇"，冬季奥运会经历近 30 年终于回到冬季运动起源地斯堪的纳维亚半岛，而且奥斯陆是挪威首都，这是冬奥首次在大型城市举办。奥斯陆市郊的霍尔门科伦山是北欧滑雪胜地，霍尔门科伦滑雪大赛是北欧国家历史最悠久的大型赛事，冬奥会在此举办可视为一种"回归"。

1952 年挪威奥斯陆冬奥会开幕式上的点火仪式不同于夏奥会的点火仪式，是对冰雪运动源头北欧的追溯和致敬。夏奥会的点火仪式源于希腊神话，赫菲斯托斯是宙斯和赫拉的儿子，掌管火焰和冶炼之神，他将从火山喷发中淬炼出的最美的金属器皿献给众神。在古代奥林匹克运动会中，人们把点燃圣火看作祭祀宙斯的一个仪式，点燃的就是赫拉神庙的长明火，象征由宙斯传承而来的自然力量。位于希腊首都雅典西南约 300 公里的奥林匹亚，是宙斯召集众神聚会的圣域。经过两千多年的风风雨雨，古希腊无数圣殿灰飞烟灭，唯独赫拉神庙得以存留下来。早在 1936 年，为了彰显古代奥林匹克运动会的精神，人们在赫拉圣殿前首次收集火焰并在祭坛广场举行庆祝活动。为保持奥林匹克火焰的纯洁，整个奥运火炬传递都要使用此火种。

挪威重新找回了北欧神话的历史活力，回归北欧的奥运圣火从挪威著名滑雪运动员桑德雷·努尔海姆家里的炉火中点燃，努尔海姆曾于 1870 年在跳台滑雪项目上创造过 30.5 米的成绩，他也被认为是发明近似现代式样的滑雪板的人。向 200 多公里外的奥斯陆运送奥运圣火的是几名滑雪运动员。具有象征性意义的最后一个传递者是艾吉尔·南森，他是 1866 年与 5 名同伴一起横穿格陵兰岛的著名海洋探险家弗里提奥·南森的孙子。艾吉尔·南森身穿黑色服装，右手举着火炬进入比斯莱特体育场，走到火炬台前点燃了火炬……这是冬季奥运会第一次正式的圣火。这一点燃圣火的场面被载入北欧运动和奥林匹克的史册。

1952 年挪威奥斯陆冬奥会上，来自东道主国家的阿恩芬·伯格曼在霍尔门科伦的雪山上赢得备受瞩目的跳台滑雪冠军，这场比赛有 103432 名观众购买门票进行观看，创下了冬奥会或者说奥运会开办以来付费观众人数最多的纪录，甚至比后来的洛杉矶和悉尼夏季奥运会还要多。伯格曼以微弱优势击败了他的同胞托比约恩·福尔坎格。瑞典选手卡尔·霍尔姆斯特伦位居第三。这使得自 1924 年冬奥会开幕以来，挪威在跳台滑雪项目上的奖牌占据总数 18 枚中的 14 枚。但此后，随着芬兰、奥地利、民主德国、日本和其他国家的进步，挪威在这一传统项目上受到了巨大的挑战。

虽说霍尔门科伦是让北欧举国欢庆的地方，但东道主在高山滑雪的赛事组织上，并不怎么令人满意。高山滑雪项目吸引到的欧洲国家参赛选手最多，但挪威人对高山滑雪始终持有偏见。在冬奥会初期，他们就明确表示了对国际奥委会引入这项运动的反对。在本届冬奥会上，由于组委会对赛道管理不善，在距离奥斯陆约 100 公里的诺夫杰尔，放置在危险位置的树木直到比赛当天早上才被从赛道上移走。然而，颇具讽刺意味的是，挪威人斯坦因·埃里克森竟然赢得了难度较大的大回转项目冠军，他也成为首位来自非阿尔卑斯山国家的高山滑雪奥运冠军。

在冰上项目的比拼中，东道主当仁不让，一路领先，28 岁的速度滑冰老将亚马尔·安德森一人包揽了 1500 米、5000 米、10000 米 3 个项目的金牌。

加拿大冰球队在这次奥运会上第五次夺得金牌，并将他们的奥运战绩累计到 37 胜、1 败、3 平，总共 41 场比赛中，他们进 403 球、丢 34 球。但加拿大的好日子即将结束，觊觎王位的强者已在默默努力。

挪威共获得了 7 金、3 银、6 铜，共 16 枚奖牌，综合成绩居首位。排在第二位的是获得 11 枚奖牌的美国，由于远离欧洲战场，美国本土受战争影响较小，他们利用这一优势不断从其他国家引入冰雪人才，在本届冬奥会上获得第二名的成绩可谓异军突起。名列第三的是芬兰。上届排名第二的瑞典在距离家门口较近的地方被东道主压制，只获得 4 枚铜牌，排名第十，爆出大冷门。这显示着冰雪运动格局的异动。

夏奥会指向对神的祭祀，与夏奥会不同的是，冬奥会首次取得的火种不是来自奥林匹亚，而是取自挪威冰雪运动奠基人努尔海姆生前居住过的莫尔盖达尔村的一所石房中。这一取火方式鲜明地表达着北欧滑雪就是源于人们在冰天雪地中对基本生存的追求，回归奥斯陆的意义也就在此。冬季奥林匹克从夏蒙尼诞生之后，时隔 28 年才回到了冬季运动起源地斯堪的纳维亚半岛，这是冬季运动追溯传统的仪式，就像是一个远行的游子归家之时，已不像原本那么单纯，岁月在他的身上留下了痕迹，流浪和迁徙带给他的是经验和成长。

超级多洛米蒂

　　意大利人与冰雪的渊源颇具故事性。在阿尔卑斯山南麓发现的奥兹冰人死于 5300 多年前，是距今最早的干尸，他生活的年代处在欧洲新石器时代向青铜时代的过渡时期，比埃及最早的木乃伊还要早 1000 年。由于这具世界上年代最古老、保存最完好的冰冻木乃伊是在阿尔卑斯山的奥兹山谷被发现的，因此人们将他命名为"奥兹"。考古学家推测，奥兹冰人在战斗中受伤，被迫逃向阿尔卑斯山，最终重伤而亡。尸体被冰雪封住完整地保存下来，直至 20 世纪 90 年代才被登山客发现。1998 年，奥地利将其返还给意大利，现存于意大利博尔扎诺的南蒂罗尔考古博物馆。科学家对其进行 DNA 测试后发现，他的基因与意大利当地人近似，所以推测当地居民中的一部分人就是奥兹冰人的后代。

　　奥兹冰人身上带有的神秘性足以虚构出无数故事，但最重要的是，他身上展现的冒险主义精神与冬季奥林匹克不谋而合。受伤后的奥兹冰人忍受着伤痛、饥饿、寒冷走向阿尔卑斯山，去求生或求死已不重要，重要的是他将自己的身体投入了冰雪世界。

　　1956 年冬奥会举办地科尔蒂纳丹佩佐是一座位于意大利多洛米蒂山区北部的小镇，它早就是闻名遐迩的冬季运动中心[①]。多洛米蒂山区是阿尔卑斯山的　部分，其70%的地区位于意大利东北部贝卢诺省，其余位于博尔扎诺自治省和特伦托自治省；西面延伸到阿迪杰河，东面为皮亚韦山谷，北面和南面分别为普斯特山谷和苏加纳山谷。这里拥有独特的白云石景观，以及冰川和喀斯特景观，曾在2009年被联合国教科文组织世界遗产委员会批准作为自然遗产列入《世界遗产名录》。

多洛米蒂山脉山地海拔在3000米左右，山下温暖气流上升，到达山顶形成降雪，得天独厚的降雪资源让这里成为意大利最著名的滑雪胜地，这座山还有一个更加美好的中文译名——多乐美地。多乐美地滑雪场最高峰海拔3300米左右，但大多数雪道海拔在2000米左右。与邻国雪场不同，它的亮点并不在于险峻，而在于其特有的环线。多乐美地滑雪区群峰环绕，主峰叫作"Sella Ronda"，围绕主峰的环形线路就是举世闻名的Sella Ronda环线。沿着环线滑行一圈，会经过4个峡谷、4个垭口、3个意大利省份，总长度大约是40公里，其中26公里是雪道，而顺时针和逆时针所坐的缆车、滑的雪道、看的景色又完全不同，这就是多美乐地绝无仅有的魅力。这样的冰雪资源造就了战后规模最大的冬奥会——"超级多乐美地"——1956年意大

---

① 早在1897年，科尔蒂纳丹佩佐就举行过滑雪比赛。到了1908年，除滑雪、滑冰赛外，这里又举办了雪橇类项目的比赛。之后这里又举办了1927年的世界滑雪锦标赛、1928年的国际大学生冬季运动会，以及1932年的世界高山滑雪锦标赛等。

利科尔蒂纳丹佩佐冬奥会。

1944 年，意大利科尔蒂纳丹佩佐曾经获得过冬奥会的举办权，但由于第二次世界大战的爆发，举办工作被迫中止了。作为补偿，在 1949 年国际奥委会罗马会议上，国际奥委会将两次申办未果的科尔蒂纳丹佩佐选为了 1956 年冬奥会的会址。这届冬奥会共有 821 名运动员（男 687 名、女 134 名）代表 32 个国家参赛。在持续 11 天的冬奥会期间，举行了 4 大项 24 小项比赛，在近 158000 名观众的见证下颁发了 72 枚奖牌。这届的竞赛项目有微小变化，男子 18 公里滑雪被取消，改为 15 公里、30 公里滑雪，女子 3×5 公里滑雪接力赛被列为正式比赛项目。

在之前的六届冬奥会上，没有人在任何一个项目上达到过安东·塞勒在这届冬奥会上所达到的高度。这位 20 岁的高山滑雪运动员在奥地利滑雪圣地基茨布尔长大，他的优势全面，无论是优雅的体态、超高的难度还是惊人的速度都令人赞叹。在本届冬奥会上，他以绝对的优势赢得了所有高山滑雪项目的冠军：大回转项目领先第二名 6.2 秒，回转项目领先第二名 4.0 秒，滑降项目领先第二名 3.5 秒。他更成为第五位在同一届冬奥会上获得 3 枚金牌的运动员，其他取得这一成就的选手，如托勒夫·豪格、克拉斯·顿贝格、伊瓦尔·巴兰格鲁德和亚马尔·安德森，无一例外是斯堪的纳维亚人。

他从大回转项目开始创造历史，比赛开始前，每位参赛者都收到了一张当地滑雪运动员伊利奥·科利的纪念照片，他在撞到一棵树时死亡，头骨破裂，为了表示对他的纪念，这条赛道以他的名字命名。塞勒直言不讳地说："在比赛开始前就给参赛者下达死亡通知，这可不好。"轮到塞勒的时候，他像飞鸟一样敏捷地穿越旗门，只用了惊人的 3 分 01 秒，比第二名快了 6 秒多。塞勒在回转项目上的优势也同样令人印象深刻，比赛中，他在两次滑行上都取得了最快成绩，总成绩远远超过了日本选手。日本的猪谷千春 ① 在高山滑雪回转中获第二名，为亚洲夺得冬奥会历史上第一枚奖牌。

赛道崎岖不平，结了冰，而且很冷。我遇到一个问题：滑雪板绑带的一部分在出发前断了。我还有大概十分钟，但是我们的教练都没有多余的装备，周围也没有很多人。这时，我的一位意大利老朋友走过来把他的装备给了我。当你在比赛时，你不应该期待任何事情，尤其是在奥运会上。如果你没有做好输的准备，你就不可能赢。

塞勒已经保持了赛道纪录，在滑降比赛开始之前，他发现把滑雪板固定在靴子上的一根安全带断了（那个时代还没有雪

---

① 猪谷千春早年在美国留学并练习滑雪，在美国国内赛事夺冠后走上奥运赛场。他在退役后于 1982 年进入国际奥委会工作，2005 年 7 月当选为国际奥委会副主席。

板固定器）。幸运的是，就在他快要出发时，意大利队的教练来帮助他。那天的赛道令人望而生畏，几乎有一半的选手都没有跑完全程，有八位选手在比赛结束时被送进了医院。塞勒凭借出色的控制能力，纠正了自己在下降过程中的一个严重失误，以三秒半的漂亮成绩领先于第二名，获取第三枚金牌。塞勒被人熟知的昵称是"托尼"，在滑雪运动之外，他活跃在文艺圈，他后来成为一名歌手，并参与大约 30 部电影的拍摄。拥有俊朗外表和时尚生活风格的他初涉文艺圈便成为无数商家的宠儿，尤其是旅行社，为这个散发魅力的冬季度假宣传大使兴奋不已。

在这届冬奥会中，美国继续在花样滑冰项目上占据优势，几乎包揽了男子、女子单项的所有奖牌。哈耶斯·詹金斯、罗纳德·罗伯特森、大卫·詹金森包揽男子项目前三。在女子单人滑项目中，美国的特恩里·阿尔布莱特和卡罗尔·海斯分获了冠、亚军，奥地利选手文德尔得到 1 枚铜牌。

1956 年的另一个重要变化，也许是可以预见的，那就是苏联为了加入冬奥会而进行的一系列备战训练工作堪称典范，尤其是在速度滑冰和冰球两个项目中。在战后参赛的准备期，苏联使用科学的训练方法、项目规划和体能训练极大地提高了运动员的成绩。特别是在管理方面，他们的运动队纪律严明、协调一致、一丝不苟。

"二战"之后，苏联开始积极寻求加入国际体育组织的机会，他们从 1946 年开始加入各大单项协会，于 1951 年加入了国际奥委会。由于斯大林希望继续维持反法西斯同盟并与美、英展开国际合作，所以接纳了之前"曾谴责为资产阶级运动的体系"，苏联当局的任务是在主要项目上赢得"世界霸权"。苏联发挥中央集权和计划经济在那个时代的优势，举全联邦之力发展夺金项目，各类体育项目向群众开放，为竞技体育的发展提供更多的选材基础，工厂和军队提供资源保障，为体育运动人才培养保驾护航。

苏联在冬奥会上可谓"登场即是王者"，全面接管北欧统治多年的速度滑冰项目。速滑选手叶夫根尼·格里申四年前还是苏联自行车队的一员，在科尔蒂纳丹佩佐，他滑出 40 秒 02 的成绩，获得速度滑冰 500 米比赛的金牌，在打破世界纪录的同时，还打破了 28 年来冬奥会速度滑冰比赛无法突破世界纪录的情况。格里申在速度滑冰 1500 米的比赛中与尤里·米哈伊洛夫再次刷新世界纪录，获得并列冠军。苏联的鲍里斯·希尔科夫在速度滑冰 5000 米的比赛中夺得冠军。苏联占据速滑全部 4 个项目中的 3 项冠军。瑞典的埃里克森拿下 10000 米冠军，为北欧在传统优势项目中保留了颜面。

冰球运动在 20 世纪 40 年代才首次在苏联出现，但却是苏联倾尽人力、物力、财力发展的项目。冰球是冬季项目里身体接触最直接、对抗性最强的集体项目，这一特点无疑会帮助苏联展现体育实力乃至综合国力。经过近 10 年的准备，苏联首次在国际大赛上亮相，即在 1954 年世界冰球锦标赛决赛中以 7 比 1 战胜加拿大。1956 年冬奥会冰球赛共有 10 个队参加，苏联仍赢得了冠军，他们以 2 比 0 的比分击败了曾经不可一世的加拿大队，加拿大队仅获得铜牌。这是苏联第一次获奥运会冰球冠军，并同时拿下了当年的世锦赛冠军和欧洲冠军。

1956 年意大利科尔蒂纳丹佩佐冬奥会在冬奥的历史上树立了里程碑，这是第一届通过电视转播的冬奥会，尽管是黑白电视信号。苏联总共获得了 16 枚奖牌，首次登场即展现的统治地位令人震惊。在大国角力的体育舞台上，苏联建立了国家主导的近乎 30 年的冰雪传统。这届冬奥会是美苏争霸的前哨战，之后，冬季奥林匹克赛场走向以美苏为主导的局面。

商业奇才的冬奥聚会

1960 年，第八届冬奥会再次从欧洲大陆转至大洋彼岸的美国举行。从经济和工业实力来看，经过战争的刺激，美国经济在"二战"中飞速发展，工业产能也达到了巅峰。当时，美国经济全球第一，GDP 占到了世界的 56%，工业产值占到了世界的 40% 以上。

国际奥委会在第 51 次巴黎全会上把举办权交给斯阔谷，这一选择至今是个谜。实际上，斯阔谷的胜算很小，原本那里可说是不毛之地。"斯阔"是指印第安女人，当地的男性大多要前往高原狩猎，峡谷之中只留下女人耕作。1955 年获得举办权的时候，那里只有一座滑雪场和一家宾馆。斯阔谷不被看好只是故事欲扬先抑的开头，从引入新的冬季运动项目、创建新的运动场馆，到最终创造奥运历史，1960 年美国斯阔谷冬奥会取得了令人振奋的成功。来自 30 个国家的 665 名选手（男 521 名、女 144 名）参加了这届比赛。美国副总统理查德·尼克松宣布开幕，奥运会银牌得主、花样滑冰运动员凯勒·海斯代表运动员宣誓。

可以说，这届冬奥会是由亚历山大·库欣一手创办的，他有将这片土地开发成著名滑雪场的远大梦想。他首先在加州建了一个有滑雪缆车的小型雪场，但这并不是他的目标。他声称这在很大程度上是一场宣传游戏，因为他决定要申请 1960 年冬季奥运会的主办权。他在 1959 年接受《时代》杂志采访时说："我对奥运会的兴趣不亚于登上月球。"

库欣的意图是，向国际奥委会宣传斯阔谷是一个原始的未开发的地方，在这里可以从头开始建造完美的奥运设施。他履行了在申办冬奥会时许下的承诺，在短短 5 年时间里，从赛道、体育场到后勤设施，一切都迅速建成。由于缺乏现有的住宿设施，组委会产生了建立一个奥运村来接待运动员的设想，并在日后付诸实践。不管怎么说，库欣把这个地方变成奥运赛场着实付出了自己的热情和不懈的努力。这是第一次，也是唯一的，所有的高山滑雪比赛，包括 80 米跳台滑雪的场地，都设置在了步行可达的距离之内。

这次冬奥会对于美国人来说还有特别的意义，这是美国人第一次在电视上观看奥运会。哥伦比亚广播公司以 5 万美元的价格买下了奥运会的转播权，当时的主持人是年轻的沃尔特·克朗凯特 ①。正是在这届奥运会期间，哥伦比亚广播公司开创了即时回放转播技术，时至今日，比赛回放已经成为体育节目的主要播放形式。奥运会通过电视向全美播放，其场面比以往任何时候都壮观。为此，只有一个美国人能够胜任这个工作——沃尔特·迪士尼。这位娱乐界之王被任命来策划这场为期 11 天的盛会的所有盛况，包括开幕式和闭幕式。

每届奥运会都有它的突破——新的纪录、新的项目、新的传统，斯阔谷充满了这些值得注意的新突破：男子冬季两项和女子速度滑冰项目在这届冬奥会上首次亮相；在这届比赛中，冬季两项（包括越野滑雪和射击两项）第一次成为冬奥会的正式比赛项目，瑞典运动员克拉斯·莱斯坦德获得这个项目的第一枚奥运金牌。

女子速度滑冰作为正式比赛项目首次登上奥运会。苏联成功地挑战了冰雪传统强国们，莉迪亚·斯科布利科娃赢得了速

① 沃尔特·克朗凯特（Walter Cronkite），主持人、媒体人，在 20 世纪 60 年代至 70 年代报道了总统肯尼迪遇刺的消息，报道了美国将宇航员送上了月球等新闻，针砭了对国内动荡、越战等时弊，被称为"全美最值得信赖的人"。

度滑冰 1500 米和 3000 米项目的冠军，她在 1500 米比赛中打破了世界纪录，3000 米比赛中以 2 秒半的优势领先于她的同胞瓦伦蒂娜·斯特尼娜。斯科布利科娃在 1000 米项目中以 0.5 秒的差距错失 1 枚铜牌，她的队友克拉拉·古舍娃和塔玛拉·瑞洛娃分别获得第一名和第三名，没有让金牌旁落，而德国选手海尔加·哈斯位列第二。这位德国选手在速度滑冰 500 米项目上领先苏联选手纳塔利亚·东琴科赢得冠军。男子速度滑冰方面，上届奥运会金牌得主、苏联选手格里申在这届奥运会的 500 米和 1500 米项目上成功卫冕，再次夺得 2 金。

斯阔谷成为许多运动队和选手创造奇迹的地方，这些奇迹还包括法国滑雪运动员让·瓦内特成为第一位在金属滑雪板上获得金牌的运动员——之前的运动员都是在木质滑雪板上滑雪。

在冰球比赛方面，美国业余冰球队仅仅在一起训练了一个月，就击败了来自加拿大和苏联的强队，首次获得冰球金牌。但也有遗憾，在雪车比赛上，当举办方发现只有 9 个国家打算参赛后，认为不值得花一大笔钱兴建一条比赛赛道，因此宣布不举办雪车比赛，这是雪车比赛第一次也是唯一在冬季奥运会中缺席，或许这就是库欣的精打细算所致。

最终，苏联获得 7 金 5 银 9 铜，共计 21 枚奖牌，综合成绩排名第一；德国联队排名第二；东道主美国队得益于在冰球、男女单人滑项目上拿到的 3 枚金牌，总共获得了 10 枚奖牌，位列第三，成绩达到预期。这一届冬奥会最大的意义是，冬奥会再次来到美洲，北美冰雪运动就此更积极地参与世界范围内的变革、发展，冬季奥林匹克运动在世界版图中的影响进一步扩大。

第四章

镜像：

冬季奥林匹克走向成熟的12年

冬季奥林匹克的镜像阶段

拉康作为弗洛伊德精神分析学派的承继者，认为儿童成长在进入"俄狄浦斯"阶段之前会有一段前语言期的"镜像阶段"，这个阶段是儿童的自我意识开始形成的时期。婴儿离开母体之初，只能感受到母亲的怀抱、体温和乳头，无法区别自己和母体的存在，而当婴儿到了6—18个月大时，即便他还是嗷嗷待哺，需要依靠他人的帮助，但已经可以从镜子中认出自己的影像，特别是随着各项身体机能的不断发展，自我意识开始建立。拉康于1949年发表学术报告《助成"我"的功能形成的镜子阶段》提出镜像理论，即拉康镜像阶段理论的"一次同化阶段"。[①]认为儿童会去探究自我与镜像、自我与环境、镜像与环境之间的关系，识别自我主体的存在，从而完成自我同一性的认同。

如果我们把1964年和1976年奥地利因斯布鲁克举办过的

---

① ［法］雅克·拉康：《拉康选集》，褚孝泉译，上海三联书店2001年版。

两届冬奥会数据拿出来对比，会发现从 1964 年到 1976 年的冬季奥林匹克岁月静好，在因斯布鲁克举办的第二次冬奥会就像首次举办的"镜像"——无论是举办时间、比赛项目还是奥运会会徽都像是复制过来的。1964 年因斯布鲁克冬奥会于当年 1 月 29 日至 2 月 9 日举办，而 1976 年因斯布鲁克冬奥会的举办时间则是 2 月 4 日至 15 日，时间长度上同为 12 天；参赛运动员人数从 1091 人略微增长到 1123 人；参赛国家从 36 国增至 37 国；比赛项目设置的 10 个分项没有变化，小项数量也不过是从 34 个增长到了 37 个；更不用说会徽的设计，除了将五环从彩色改为黑白，因河标志略有改动之外，几乎是复制的镜像 logo。

因斯布鲁克是奥地利第四大城市，坐落在因河河畔。因河发源自瑞士的洛迦诺湖，向东北流经奥地利的蒂罗尔州、德国的巴伐利亚州，向北流产生了支流萨尔察赫河，形成德国和奥地利界河，到德国的帕绍流入多瑙河，全长 510 公里，流域面积 2.57 万平方公里。

如果说夏蒙尼是冬奥会的发祥地，那么阿尔卑斯山-因河流域就是冬季奥林匹克的兴盛地。以因斯布鲁克为中心的 150 公里范围内，来自四个国家的四座城市共承办过六次冬奥会。其中，瑞士圣莫里茨和奥地利因斯布鲁克都举办过两次冬奥会，而意大利科尔蒂纳丹佩佐也将紧随圣莫里茨和因斯布鲁克的步伐，在 2026 年举办第二次冬奥会，这也将是本区域的第七次冬奥会。

镜像 1：20 世纪 60 年代的起始

1964 年，第九届因斯布鲁克冬季奥运会举行了 10 个分项 34 个项目的比赛。在百万名观众的注视下产生了 102 枚奖牌。在欧洲大陆举办本届冬奥会成为冬季奥林匹克进入稳定发展阶段的一大转折点。所有的比赛场地都设置了电视转播设施。1960 年，由法国电视广播局发明的 ORTF 立体声录音技术使用的是由两只话筒组成类似人耳距离的拾音方式，用于现场直播包括越野滑雪在内的所有比赛，而这一届冬奥会比赛的电视转播权售价达 94 万美元。本届冬奥会的特点是，比赛项目的数量出现了划时代的增长，从上届大会的 27 个增加到了 34 个。雪车恢复到正式比赛项目之中，无舵雪橇进入冬奥大家庭，冰壶作为表演赛出现在了冬奥舞台上。一切正如顾拜旦所愿，20 世纪初就开始发展的冰雪事业如今已经扎实地扩展到全世界，在 36 个参赛国中，印度和蒙古是首次参赛，而且从这届冬奥会开始，同夏季奥运会一样，冬奥会也开始在奥林匹亚赫拉神殿采集圣火。

赛事的主体育场位于伊格尔斯山。1809 年，拿破仑指挥蒂洛尔民兵在这里进行了一场战斗，后来，这里保留了礼拜堂、博物馆、修道院及其附属教堂等洛可可式建筑。解构主义建筑师扎哈·哈迪德①设计并改建了伊格尔斯山顶的滑雪跳台场地。

———————

① 扎哈·哈迪德，伊拉克裔英国建筑师，建筑界的"解构主义大师"，她的作品看似平凡，却大胆运用空间和几何结构，反映出都市建筑繁复的特质。在中国留下了大兴国际机场、南京青奥中心、广州大剧院等地标建筑。

游客可步行上山游览，也可乘观光电梯到达滑雪跳台。这里是两次因斯布鲁克奥运会举行开幕式的地方，观众台可容纳约 5 万名观众。跳台的终点是点燃奥运会圣火的圣坛，圣坛旁的纪念铜牌上记录着所有获奖者的名字。山顶还有咖啡馆和餐厅可供游人休憩，从这里可以鸟瞰因斯布鲁克全景。

"雪车之王"欧亨尼奥·蒙蒂在 1968 年赢得了双人雪车和四人雪车比赛，成为双料奥运冠军，然而他在冬季奥林匹克史上最高光的时刻却是在 1964 年。蒙蒂 26 岁才开始参加比赛，起初对雪车项目不感兴趣，他曾在意大利举办的赛事中，在大回转和回转项目上获得过几次冠军，在 1952 年奥斯陆冬奥会之前，蒙蒂由于膝盖伤病离开高山滑雪。在 1956 年科尔蒂纳丹佩佐冬奥会上，转战雪车项目的蒙蒂在双人雪车和四人雪车的比赛中都获得了银牌。双人雪车的冠军舵手是意大利人兰贝托，他从来没有在其他地方比赛过，对科尔蒂纳丹佩佐的赛道非常熟悉，这一点帮助他赢得了比赛。四人雪车的冠军舵手是来自瑞士的弗朗茨·卡布斯，他给了蒙蒂很多帮助，退役后选择到圣莫里茨工作。1960 年斯阔谷冬奥会取消了雪车比赛，因为美国人不愿意出资修建赛道。

在 1964 年奥地利因斯布鲁克冬奥会的比赛中，蒙蒂的身体状态处于低谷，几乎累得无法参加比赛了。在双人雪车比赛中，他从自己的雪车上卸下一个螺栓给英国的托尼·纳什和罗宾·迪克森，让他们修好自己的雪车，赢得了比赛。虽然最后来自意大利的蒙蒂和塞尔吉奥·西奥帕斯只获得了第三名，但得到了大家的高度评价和赞扬。赛后，蒙蒂被授予了 1 枚顾拜旦奖章。他谦虚地回应："在我看来这很平常，换作托尼和罗宾也会为我做同样的事。"

4 年后，在格勒诺布尔冬奥会上，雪车比赛的过程和成绩都像是对这位品德高尚者的褒奖。双人雪车比赛出现了非常接近的结果。在四轮比赛过后，意大利队和德国队取得了完全相同的成绩，最终比较单轮速度，快者取胜。在四人比赛中，由于赛道融化，比赛缩减为两轮，他们最终以微弱优势击败了奥地利人。"雪车之王"在同一届冬奥会上先后获得 2 枚银牌、2 枚铜牌，终于收获 2 枚金牌，给职业生涯画上了圆满的句号。

恐惧？你不能有恐惧，否则你就不配参赛！驾驶是一项特殊的技能，它需要通过感觉，靠你的胆量和技术来完成，就像 F1 赛车一样……本来大家认为两支队伍会并列获得金牌，但根据规则，单轮速度最快的队伍应获得第一名——那就是我们。那是非常艰难的两天，因为第一天我们在晚上比赛，等待赛道结冰，第二天我们不得不在凌晨 4 点开始比赛，以免它再次融化。

　　　　——欧亨尼奥·蒙蒂对格勒诺布尔比赛的回顾

雪橇这一项目在过去被称为"无舵雪橇"（区别于雪车，即过去的有舵雪橇），参赛者向后躺着，用脚先冲下山，而不是像钢架雪车一样在克雷斯塔赛道上用头先冲下山，这项运动在因斯布鲁克首次亮相，尽管很多人认为项目过于危险。不幸的是，这一观点很快就得到了证实。在一次训练试滑中，出生于波兰的英国赛车手卡兹·斯基佩奇冲出主弯道，撞伤了两名安保人员，撞到一棵树上，送往医院后不幸去世。德国两位选手后来在奥运会正赛上也受了重伤。这些事件让赛道运营方之后在每一个拐弯处都建造了悬垂的保护板。

1964年因斯布鲁克冬奥会受到了缺雪的挑战，奥地利调动军队迅速赶来支援，他们在山坡上凿出了2万块冰块，并把它们运到雪橇和雪车的滑道上。他们还把4万立方米的雪运到高山滑雪场。但这届冬奥会因为缺雪，酿成了两名运动员在训练中丧生的惨痛事故，除了雪橇选手斯基佩齐，还有年仅19岁的东道主高山滑雪选手米尔恩，后者因为雪道雪量不足受伤而丧生。

苏联选手莉迪亚·斯科布利科娃在1963年日本轻井泽速度滑冰世锦赛上获得了所有四个小项的冠军。1960年美国斯阔谷冬奥会，斯科布利科娃在速度滑冰1500米的比赛中以打破世界纪录的成绩拿下金牌，在速度滑冰3000米的比赛中她更是以2秒半的优势再度获得金牌。1964年因斯布鲁克冬奥会上，她一举拿下了速度滑冰500米、1000米、1500米和3000米四个项目的金牌，从而成为第一个总共获得 6 枚冬奥会金牌的运动员。

实力强大的荷兰选手、曾两次获得世界冠军的斯约克耶·迪杰斯特拉夺得花样滑冰冠军。她以娴熟的跳跃完成了比赛，九位评委一致给出高分。男子花样滑冰冠军是德国人曼弗雷德·施内尔多佛，他战胜了法国选手阿兰·卡尔马尔。在双人滑赛场上，最受欢迎的可能是花样滑冰苏联双人组合冠军柳德米拉·别洛索娃和她的丈夫奥列格·普罗托波波夫，尽管他们与来自德国的玛丽卡·基利乌斯和汉斯-于尔根·鲍姆勒的比分很接近。两年后，这对德国选手被要求归还他们的银牌，因为据称他们在奥运会前已经签订了职业合同。1987 年，国际奥委会最终将奖牌归还给了他们。这又是一次关于业余主义的纷争。

女子高山速降项目的金、银、铜牌都被奥地利人夺取，克里斯特尔·哈斯获得金牌，伊迪丝·齐默尔曼获得银牌，特劳德尔·赫彻获得铜牌，三位选手帮助奥地利人在冬奥赛场上赢得了自豪感。但在其他赛事上，奥地利人就没那么高兴了。北欧项目在舍菲尔德举行，苏联女子选手在这个项目上处于优势地位，克劳蒂亚·鲍瓦尔斯基赫在 5 公里和 10 公里的个人项目中都获得了冠军，并成功地在 3×5 公里接力赛中获胜。在男子项目中，35 岁的瑞典选手西克斯·哲恩伯格重新获得了他曾在 1956 年获得过的 50 公里金牌，他在 4×10 公里接力赛中获胜，三届奥运会共获得 9 枚奖牌，这是 28 年来没有被打破的纪录。

苏联在七场冰球比赛中都取得了胜利。在最后一场比赛中，以微弱的优势险胜加拿大，加冕冰球冠军。苏联共获 11 金 8 银 6 铜，25 枚奖牌，综合成绩跃居榜首。奥地利和挪威紧随其后。从整体上看，这届冬奥会比赛组织得很成功，在促进冬季体育方面也很成功，所有的比赛都是正常进行的，但是比赛的氛围却远不及科尔蒂纳丹佩佐和斯阔谷，选手们被过于严格地限制了活动区域，几乎都待在奥运村中。当然，秩序和纪律是奥地利人的强项，东道主也从中受益，取得了历史最佳排名。

复杂动机与经济效益

1960 年法国格勒诺布尔计划申办冬奥会，并于 8 年后举办了第十届格勒诺布尔冬奥会。回顾申办的原因，从国家到地方，目的都很明确——始于 20 世纪初的传统田园山区经济在第二次世界大战后急剧衰落，旅游业对传统经济的补充作用越来越明显，高山旅游是解决之道。通过奥运这一大型活动扩张城市发展，改变依靠传统山区园地式的经济模式。在国家和政治层面上，奥运会逐渐被视为一种向海外宣传法国的方式。当时的法国总统戴高乐希望以此来提高法国的声望，他鼓吹民族梦想，振作民族精神，为此甚至不惜和英、美交恶①。

格勒诺布尔是法国东南部一座古老的城市。"在格城行走，在每条路的尽头都是一座山。"司汤达对他的故乡如是说。格勒诺布尔市位于法国阿尔卑斯山脉的中心。这里的人们期待奥运会成功举办，他们希望借助冬奥会的影响力在全世界树立起法国的政治形象，并创造法国高山度假胜地的吸引力。

在格勒诺布尔冬奥会上，跳台滑雪和北欧两项被斯堪的纳维亚半岛控制的局面开始被打破。捷克斯洛伐克选手基里·拉茨卡在K70跳台滑雪项目中为捷克赢得了首枚冬奥会金牌。苏联的弗拉基米尔·别洛乌索夫获得了K90项目的金牌，这是苏联运动员在冬季奥运会上获得的首枚跳台滑雪金牌。北欧两项金牌则由联邦德国的弗朗茨·凯勒获得。

意大利运动员佛朗哥获得30公里越野滑雪金牌。这是意大利自1924年法国夏蒙尼冬奥会以来，在这个项目上获得的第一枚金牌。法国、意大利和荷兰代表团取得了历史性突破，排行榜名次分别由之前的第5名、第9名和第12名提升至第3名、第4名和第6名。民主德国首次参赛，在双人无舵雪橇项目上获得了唯一的金牌。挪威代表团以6金、6银和2铜的成绩位列榜首。苏联由于在速滑比赛中失利，金牌和奖牌大幅度减少，

_____

① 在20世纪60年代，戴高乐的外交政策被定义为让法国成为东方世界和西方世界之间的一个选择。在所谓的"冷战"背景下，这位法国总统拒绝了美国的西方霸权，退出了北约联合司令部。当然，并没有退出北约国家组织。

排名降至第二。

在 1968 年格勒诺布尔冬奥会上，相较于体育比赛本身，关于奥运会经济效益和商业化的纷争不断。奥委会主席埃弗里·布伦戴奇作为执着的业余主义者，决定要清除那些有可能引诱比赛走向商业化的苗头。布伦戴奇企图让滑雪运动员将器材商标从雪板上取下，赛后不得携带自己的雪具接受采访。具有讽刺意味的是，这令让-克洛德·基利在 1968 年的名声更加响亮。

基利在阿尔卑斯山区长大，他 15 岁就成了法国滑雪队的一员。他的竞技水平提升速度非常快，到格勒诺布尔的时候，他背负着全法国的期望。在滑降比赛中，他以 1 分 59 秒 85 完成比赛，以微弱优势领先队友古伊·佩雷拉，他的主要竞争对手奥地利的卡尔·施兰茨排名第五。之后，基利又接连拿下大回转和回转的冠军，成为继塞勒之后第二位高山滑雪三冠王。赛后，基利的一个朋友跑到终点与之拥抱，其朋友熟练地展示了滑雪板品牌，使得布伦戴奇的限令显得毫无作用。布伦戴奇对广告达人们布下天罗地网，但最后百密一疏，对不可阻挡的商业化趋势无可奈何。

此次奥运会宣传显然是针对特定人群的，所有的推广活动都是为了吸引富有的外国游客，特别是美国人。然而，法国并没有通过经济评估和市场研究去验证计划的合理性，它完全是基于意识形态的考虑。法国人普遍接受的简单逻辑是：冬季运动的需求主要是来自富有的、城市里的、专业的顾客，因此，要在设备、基础设施和服务方面多下功夫。所以，在本届冬奥会上，他们严格按照这一设想的情况提供服务。奥运会一结束，组织者们就认为自己取得了成功，认为他们在赛前预计的大部分目标将会实现。然而，一系列经济指标和较长期的分析表明，现实情况有所不同。考虑到成本高昂的设备和基础设施，格勒诺布尔奥运会对游客的吸引力和冬季运动产业的影响是负面多于正面的。

法国政府的计划中明确提到了在本届冬奥会上要达到财政平衡，利用法国高质量的滑雪场来吸引外国游客，这也是法国滑雪联盟的主要目标。正如 1965 年 2 月《法国滑雪报》所总结的那样："美国滑雪者必须找到前往法国滑雪场的路。"显然，法国人并没有真正引导并建设好这条"路"，所以奥运会被赋予了这一重任。举办奥运会并不意味着在经济上可以自动成功盈利，特别是日益增长的商业化趋势不断触及了奥林匹克运动非营利的本源。所以从赛后的一系列经济指标上看，格勒诺布尔并没有显著提高经济收益，旅馆的床位数量、滑雪缆车使用率、外籍度假人数等数据并不乐观。在 20 世纪 70 年代，这里外国游客的比重仍持续保持在 10% 左右，与 60 年代别无二致。大多数新建场馆和基础设施的成本直到 20 世纪 80 年代也没有收回。格勒诺布尔的人们仍然需要支付额外的费用才能使用城际交通，只是为了偿还为举办奥运会所欠下的债务。包括跳台滑雪和雪车赛道在内的大多数场馆，在奥运会后不久就过时了，因为维护成本高昂，只能忍痛废弃不再使用。

格勒诺布尔市议会曾考虑过申办 2018 年冬奥会，但当地居民并不支持，与格勒诺布尔市 45 万人的城市规模相比，现有的基础设施和住宿规模远远无法满足 21 世纪冬奥会的要求。如果没有国家政府强有力的支持，或是没有改革性的城市规划，成功举办 2018 年冬奥会是不可能实现的。

在本届冬奥会上，吉祥物首次出现。法国奥委会特别计划委员会委员米歇尔·沃迪尔认为应该有一些创新行为，他们设计出一个身穿印有法国国旗红白蓝三色的滑雪小精灵，并称它为"雪士"(Schuss)，原意是"高速滑雪"，这是奥运会历史上第一个非官方吉祥物。本届冬奥会首次加入了性别检查、兴奋剂检查，并在检查过程中发现违规行为，取消了 4 枚奖牌。这些方面体现了法国人的首创精神，冬季奥林匹克在细节之处越发完善了。

亚洲首迎冬奥

日本是亚洲冰雪运动历史最悠久的国家之一，1928 年就参加了第二届冬奥会，并在第七届科尔蒂纳丹佩佐冬奥会上获得高山滑雪回转项目的银牌。札幌为举办冬奥会做足了准备，

1972年终于圆了 40 年代因参战而被取消举办资格的冬奥之梦。

实际上，奥林匹克运动会最早来到亚洲是在 1964 年，夏奥会曾在东京举办。

1964 年东京夏季奥运会，点燃圣火的是田径运动员坂井义则，他是广岛原子弹爆炸后的幸存者，象征着日本战后新成长起来的"新新人类"。新干线开通、韩日和谈等，都是日本社会经济以及国际关系回归正轨的标志性事件。从东京夏季奥运会可以明显看出，日本正努力通过体育重塑其战后的国际形象。在 1964 年的横滨海滩上，人们可以看到比基尼、可口可乐这些西方消费文化的符号。

东京夏奥会之后便是札幌冬奥会。1972 年 2 月 3 日至 13 日，来自 35 个国家的 1006 名选手参加了札幌冬奥会，比赛分为 6 个大项和 35 个小项。为了成功举办本届冬奥会，日本斥巨资兴建了高速公路、地铁、奥运村、比赛场地等基础设施。

在运动员参赛资格方面，札幌冬奥会遇到了巨大的挑战。在上一届格勒诺布尔冬奥会上，虽然国际奥委会对业余运动员的参赛资格做出严格规定，但各种商标和商业行为依然屡见不鲜。布伦戴奇把札幌当作他的第二次战役，他圈定了违反奥林匹克精神的运动员"黑名单"，但国际滑雪联合会对这份名单采取了强硬的反对态度，更是提出罢赛加以抗衡。为了避免事态恶化，国际奥委会最终决定只取消奥地利高山滑雪运动员卡尔·施兰茨的参赛资格，原因是"用自己的名字和肖像来达到盈利的目的"。对此，国际滑雪联合会和奥地利代表团妥协同意。施兰茨回到奥地利时，受到了 10 多万人的热烈欢迎。他对此自我解嘲道："在奥地利，我被除名的时候可能比我赢得金牌的时候更受欢迎。"

在这届冬奥会中，有 14 个国家和地区的奥运会代表团获得了金牌，这是奥运会历史上获得金牌的国家和地区在地域上分布最广的一次。西班牙、日本和波兰均首次获得冬奥会金牌。最令人兴奋的是在日本宫殿森滑雪胜地举行的 K70 跳台滑雪比赛中，日本最好的跳台滑雪运动员在 30000 多名日本观众的怒吼声中包揽了金、银、铜牌，为亚洲冬季运动写下了辉煌的一页。

冠军笠谷幸生共参加过四届冬季奥运会。1964 年，笠谷幸生首度入选日本奥运代表团，在因斯布鲁克，初出茅庐的他在所参加的两个项目中分列第 23 位和第 11 位。1968 年法国格勒诺布尔冬奥会，他在第二次参赛时再度折戟，成绩排在第 23 位和第 22 位。1972 年第十一届冬季奥运会，笠谷幸生在家乡的父老乡亲们面前比赛，他先在 2 月 6 日的跳台滑雪 70 米级个人比赛中以 244.2 分的佳绩战胜自己的两位队友今野昭次（234.8 分，银牌）和青地清二（229.5 分，铜牌），赢得 1 枚金牌，成为日本第一个在冬季奥运会摘得金牌的运动员；然后在 90 米级获得第七名。这位身高 1.70 米、体重 66 千克的跳台滑雪选手，除冬季奥运会的金牌外，还在 1970 年高塔特拉山北欧滑雪世界锦标赛上获得过跳台滑雪 70 米级个人银牌。令人遗憾的是，第四次参加冬奥会时，他成绩平平，但在那届冬奥会中，笠谷作为日本第一位冬奥金牌得主担任了日本代表团的旗手。

波兰选手福尔图获得跳台 K90 的金牌，也为他的祖国拿下跳台滑雪项目的首金。越来越多不同国家的运动员开始在跳台滑雪项目上收获金牌，这与国际性跳台滑雪比赛数量的不断增加密不可分。1972 年，由国际滑雪联合会主办的首届跳台滑雪世界锦标赛在南斯拉夫举行，之后每隔一年举行一次。1979 年，跳台滑雪世界杯大赛创设，之后每年都在多个国家设立分站赛。众多的跳台滑雪比赛不仅有利于提高项目普及度，还可以帮助运动员积累比赛经验、提高竞技水平。这一可喜的变化使更多国家的运动员可以站上领奖台。

越野滑雪和北欧两项的奖牌由挪威、苏联和民主德国的运动员瓜分。民主德国运动员在奥运会上的成功引起了广泛关注。他们确立了"全面发展、合理布局、优势互补、重点突破"的备战战略，在这届比赛中效果显著。在其优势项目雪橇比赛中，获得了 3 枚金牌、2 枚银牌和 3 枚铜牌。也就是说，雪橇的三个项目奖牌，除了双人雪橇金牌由意大利选手获得外，剩下的都由民主德国的选手获得。

这届比赛的滑冰赛场上，又一位速度滑冰殿堂级人物登场了。八年前，19 岁的申克获得了荷兰速度滑冰总冠军。之后，在 1966 年芬特尔欧洲速滑锦标赛和 1970 年因斯布鲁克欧洲速滑锦标赛上两获速度滑冰全能金牌，这一壮举使荷兰举国欢庆。除了欧锦赛的辉煌外，申克还创造过短道速滑 1500 米和 3000

米的世界纪录。在 1968 年格勒诺布尔奥运会上，他只在速度滑冰 1500 米的比赛中获得 1 枚银牌。人们对他在札幌参加的四场比赛寄予厚望。最终，申克在速度滑冰男子 5000 米、1500 米、10000 米的比赛中连获 3 枚金牌。特别是在速度滑冰 5000 米的比赛中，当时正在下雪，这对户外溜冰场上的速滑选手来说是最糟糕的情况，但在这种情况下，他还是以 7 分 23 秒 61 的成绩打破了之前由自己创造的纪录。在札幌连赢 3 枚金牌是申克职业生涯中最重要的时刻。而两周后，他取得了更大的成就：他赢得了奥斯陆世界锦标赛男子速度滑冰所有小项冠军（速度滑冰 500 米、1500 米、5000 米、10000 米），外加速度滑冰全能冠军，这代表了他全面的技术和稳定的发挥，绝对是比在札幌冬奥会上获得 3 枚金牌更卓绝的成绩。然而，由于冬奥会这一世界最大规模、最高水平的冬季赛事有着世锦赛难以匹敌的影响力，所以公众和媒体还是更关注札幌的金牌。接下来的一个赛季，申克参加了职业巡回表演赛，因此遭到了国际滑联的抵制。多年后单项联合会承认，他们在这一批运动员向职业时代过渡的过程中对其有所辜负。

札幌边的一座小镇小樽是岩井俊二导演电影《情书》中唯美的小町。它历来是北海道浪漫爱情故事的代名词。很多游客因此慕名而来，大多也都和爱情有关。冬奥会上的札幌爱情故事却令人心酸。在 1969 年的花样滑冰欧洲锦标赛上，苏联的伊琳娜·罗德尼娜和阿列克谢·乌拉诺夫凭借着娴熟的技巧、高难度动作和默契的配合夺得双人花样滑冰项目冠军，这对年轻的组合连续三年保持不败。然而到了札幌，乌拉诺夫却"背叛"了罗德尼娜，与苏联二号组合中的斯米尔诺娃发生恋情，这让罗德尼娜流下了眼泪。

札幌曾经如此特别。这个镇子很可爱，比赛也组织得很好。在这一届奥运会上，我从来没有想过奖牌，我只想着完成比赛，只想着度过时间……最好的时光是 1972 年，四年后，我和另一个伙伴在一起……我有两个男伴、两个孩子、两个丈夫、两种语言、两个国家，这些全是二，只有奖牌全是第一。

——伊琳娜·罗德尼娜

札幌比赛期间流言四起，但苏联队内部的任何不和谐都不足以阻止两对苏联选手夺得双人花样滑冰的第一名和第二名。尽管罗德尼娜忘记了情感冲突，拿到金牌，但从此对她的年轻搭档不屑一顾，她适时地更换了她的搭档，并在之后的 9 年时间里保持对于双人滑的绝对统治。奥运冠军不是体能发达的怪物，他们之所以代表着全面发展的人，是因为他们也有七情六欲，同时具备忍耐、宽容、接纳和超越的能力。

在本届冬奥会上，苏联队连续第三次获得奥运会冰球冠军，而加拿大队认为苏联球员与职业运动员无异，违背了奥林匹克最初倡导的业余主义，同时，抗议国际奥委会允许来自社会主义国家的冰球运动员参赛。所以，加拿大从 1969 年开始就不再派冰球队参加国际比赛，也抵制了这次冬奥会。加拿大的这一抵制让这届盛会不那么完美，这样的行为不仅背离了体育精神，更像是在竞技赛场上被苏联人打怕了。最终，苏联在决赛中以 5 比 2 击败捷克斯洛伐克，夺得冠军。同样由苏联倾力培养的越野滑雪选手在男子和女子共 7 个项目的比赛中获得了 5 个项目的冠军。在札幌，14 个国家获得了金牌，17 个国家获得了奖牌。在此之前，没有一届冬奥会有如此多国家的选手站上领奖台。苏联在本届奥运会上获得 8 枚金牌名列第一，其后依次为民主德国、瑞士、荷兰和美国。

冬奥会历史上第一次在东方非常顺利圆满地举行，人们不会忘记高科技电子仪器使得比赛纪录更加精确，开幕前长达 1100 公里的火炬传递，以及多达 6600 万名民众的参与。2000 年，札幌在冬奥会举办地设立了冬季运动博物馆，奥运遗产依然闪耀着奥林匹克之光，奥运精神被全民共享。

镜像 2：1976 年因河荣光

1976 年第十二届冬奥会举办地再次轮到了奥地利的因斯布鲁克。由于原本的举办城市美国丹佛提出放弃承办权，因城半路接手。实际上，丹佛的退出值得关注。丹佛所在的科罗拉多州民众以环保为由反对地方政府举办大型赛事，实际的原因其实是经济问题，市民认为举办大型赛事会给财政带来巨大负担，对个人也没有半点好处。这里体现的是市民与政府的矛盾，虽然地方政府积极申办冬奥会并且已经获得了举办权，但是科罗拉多州的民众却并不买账，尤其是他们需要为政府筹集冬奥会资金而发行的公债埋单，虽然政府名义上称举办冬奥会是"为了科罗拉多的未来"，但民众仍认为冬奥会会造成环境上的破坏。民众抵制的结果是丹佛冬奥会前期筹办的财政支出给政府带来了巨大的经济负担，州政府、联邦政府停止资助，最终只得将到手的举办权拱手相让。

作为替补，因斯布鲁克在1973年半路接手却显得从容不迫，毕竟一回生二回熟，而且奥地利联邦和州政府的大力支持是逃跑者丹佛不具备的。另外，奥地利政府积极完善竞赛组织工作，为避免1972年慕尼黑奥运会惨案[①]再次发生，这届冬奥会在安保方面给予了十足的重视。

东道主此次在赛事层面有一大焦点——"复仇者"弗兰茨·克拉默。他出生在南斯拉夫和斯洛文尼亚边境的一个叫穆斯瓦尔德的小村庄里，倾向于把自己描述成一个农民的孩子、一个强壮和坚忍的人。他很早就表现出了异于常人的滑雪天赋，

---

① 1972年慕尼黑奥运会惨案是指在这届夏奥会上，11名以色列运动员被恐怖分子杀害的严重政治恐怖事件。

每天早上他都会去一所特殊的滑雪学校学习。与其说他是一个技艺熟练的人，不如说他是一个无所畏惧的人，勇敢但又不鲁莽。布伦戴奇在札幌对奥地利昔日宠儿卡尔·施兰茨的侮辱仍然是国民的心头大恨，因此，整个奥地利都期待甚至要求克拉默进行报复，用胜利对这位前国际奥委会主席表示轻蔑。当时年仅 22 岁的克拉默就是在这样一种氛围下开启了他的冬奥之旅，他在开幕式上手举奥地利国旗以示他坚定的决心。第二天，他在海拔 3145 米的赛道顶端迎来了决定命运的时刻。

他绝不是没有对手的。瑞士选手伯恩哈德·鲁斯的状态也同样令人印象深刻，开赛便取得领先。来自意大利的赫伯特·普兰克与鲁斯匹敌，他们二人的成绩最接近，只相差半秒。之后是克拉默，他知道自己已经到了绝境，在路线选择上他不给自己留任何余地，过弯几乎擦过人群以保持更大的冲力。有非官方纪录显示，他以 120 公里 / 小时的速度超越鲁斯。无论你是在现场还是在电视前观赛，这都是令人心跳停止的时刻之一。身穿黄色滑雪服的克拉默就像每时每刻都在向世界呼喊："我来了！"这位"小黄人"在本场比赛中滑出了历史上滑降最快的平均速度——102.828 公里 / 小时，这一成绩被载入奥运史册（保持了 22 年，直到 1994 年，被美国选手托米·摩在利勒哈默尔创下的 103.319 公里 / 小时的纪录打破），最终，克拉默以 1 分 45 秒 73 的成绩领先了鲁斯 0.33 秒获得冠军。赛后，鲁斯给了克拉默一个大大的拥抱，英雄相惜。虽然克拉默的奥运金牌只有这一枚，但获得这枚奥运金牌的过程堪称完美，他在这场比赛上发挥到了极致。

自 1872 年奥地利首次举办花样滑冰比赛之后，花滑的竞技性开始被强调，运动员们为了取得好成绩不断挑战自我，表演越来越高难度的动作。如今，除了技术动作之外，选手们还需要展现形体之美与艺术表现力。特里·库比卡是 1976 年因斯布鲁克冬奥会的一颗明星，然而他为人瞩目并非因为摘金夺银，而是因为其为这届冬奥会贡献了最激动人心、令人难以忘怀的片段——他在花样滑冰比赛中第一次成功展示了后空翻动作。

在本届奥运会上，冰上舞蹈作为新的比赛项目加入冬奥会的花样滑冰比赛中。1952 年 2 月 27 日，在法国巴黎首次举行了世界性冰舞比赛。在时任国际滑联主席、法国人雅各布斯·法瓦尔的努力下，25 年后，在 1976 年奥地利因斯布鲁克冬奥会上增加了冰舞比赛。给予冰舞奥运正式比赛项目的地位，没有比奥地利更适合的地方了，因为现代冰舞溯源和赛事都起始于这里。

冰舞是花样滑冰中更重视艺术表现和美感的小项，虽说花样滑冰起源于 18 世纪的英国 [1]，但奥地利才是冰舞的诞生地。花样滑冰诞生之初严肃、古板，与现代花滑相去甚远。杰克

---

[1]　花样滑冰的起源归于英国，皇家炮兵中尉罗伯特·琼斯（Robert Jones）的著作《论滑冰》（*A Treatise On Skating*）——世界上第一本关于花样滑冰的书，描述了花样滑冰的两项最基础的技术动作——圆形滑、八字形滑，以及许多滑冰方法和技术动作。

逊·海恩斯——一位来自美国的芭蕾舞大师，曾于 19 世纪 60 年代居住在奥地利首都维也纳，他被认为是现代花样滑冰的创造者。为引起人们的注意，海恩斯在滑冰运动中引入了芭蕾、舞蹈、音乐等因素，将滑冰运动与芭蕾舞蹈融为一体，自创出更"吸睛"的表演内容和形式。他把滑冰场变成舞池，去往欧洲巡演，在人们面前表演前所未见的滑冰动作。成名后的他继续创新，在表演中加入音乐、发明了蹲踞式旋转，甚至改良了滑冰鞋，被誉为"现代花滑之父"。在苏联的主导下，最初的冰舞活动在经过长期的努力后，备受争议地被接受为"体育运动"。在这届冬奥会上，尽管柳德米拉·帕克霍娃和亚历山大·戈尔什科夫的优势动作双人跳跃和抛投被排除在比赛规则之外，但这对在六年内五获世界冠军的双人滑选手仍是可以预见的赢家，他们最终成为评委们一致的选择。

苏联在速度滑冰项目上获得女子 1500 米、3000 米、10000 米，男子 500 米的冠军，依然强势，只是扛旗人物有所变化。在 20 世纪 70 年代，作为世界上最好的全能速滑运动员之一，25 岁的阿维里娜到达奥地利，成为所有四项女子比赛中的明星。光滑的滑雪服和流线型头盔的问世在本届速滑比赛中成为头条新闻，距阿姆斯特丹举行第一届世界速滑世锦赛已过去了 90 年，新技术开始对这项运动产生重大影响，在随后的几年中，科技手段帮助选手们大大缩短了完成比赛时长，这预示着体育科学创新新纪元的开端。科学技术为阿维里娜等速滑运动员带来了好处。不过，鉴于阿维里娜卓越的运动能力、平衡能力和爆发力，即便她在赛道上穿着麻袋比赛，也很可能会获得同样不可撼动的成绩和影响。

　　苏联在这届冬奥会上获得27枚奖牌（13金6银8铜），再次位列奖牌榜第一。获得19枚奖牌的民主德国与上届一样，排在了第二位。为了纪念在因斯布鲁克举行的两次奥运会，本届奥运会组委会将这次的圣火台与上次奥运会的圣火台相结合，打造出一个双圣火台的结构，开幕式上由两名运动员分别点燃这两个圣火台。当闭幕式结束，人们在圣火熄灭时感慨因斯布鲁克完成了两次冬奥会的壮举。直到2012年，因斯布鲁克成为首届青少年冬奥会举办地，在这届青奥会的开幕式上，双圣火台升级为三个圣火台，奥运荣光再次照耀因河！

镜像阶段的"二次同化"

　　对比1964年到1976年的十二年，在近似的表象底下蕴含着冬奥会自我意识的建立。站在接近冬奥百年的时间点上，我们可以得出确定的答案，斯堪的纳维亚和法国夏蒙尼的源头属于神话和仪式的象征意义，而世人所见的现代冬奥会真正的"子宫"是因斯布鲁克，这里是冬季奥林匹克真正的母体。

　　冬季奥林匹克在两届因斯布鲁克镜像阶段完成自我主体的

建构，还必须经历"二次同化阶段"。① 在这个阶段中，自我的"成熟化"总是与"他者"联系在一起的，冬季奥林匹克接受北欧和阿尔卑斯的矛盾，又走向美洲和亚洲，重新确定了自我的存在、发展与他者的关系。如果说"二战"前后各四届冬奥会也是一对镜像，那是冬季奥林匹克的"一次同化"，是对冬季运动主体的探寻，而在因河流域完成了"二次同化"，这里包括与业余主义、商业主义、异质文化、强权政治的对抗和消解，最终完成了对冬季奥林匹克自我身份的建构。

走向成熟的奥运会，其价值在赛后体现为留下丰富的奥运遗产，因斯布鲁克在这一点上是全面成功的案例，比如在教育层面，因斯布鲁克大学是奥地利规模较大的综合性国立大学，建立于 1669 年，全球排名第 98，其著名的冰雪运动研究院科学研究的重点不是训练，而是为产业发展提供智力支持。在其发展到巅峰时，冰雪装备制造业得到政府层面的直接拨款，一度全球 90% 的冰雪装备业的生产地都在奥地利。

而这个时期诞生的一批组织，包括商业组织机构、民间团体、行业协会等都是推广冰雪运动至全球的有生力量，至今，在世界各个国家和地区都发挥着举足轻重的作用。在两届奥运会间发展起来的冰雪企业拥有冰雪装备制造的坚实基础，并从

---

① 或者说俄狄浦斯阶段，即婴儿通过意识到自己、他人和社会的关系，接受了社会话语秩序与语言象征结构，从而使自身被主体化，婴儿才由"自然人"变为"社会人"。

事冰雪项目的人才培训和技术开发，借助于冬奥会契机，建立了庞大的国际体系，与各个单项协会、分支机构直接接触，尤其发挥奥地利中立国优势，与全球多个国家的政府、协会、科研教学机构保持密切的合作关系。目前，奥地利近40万人的就业岗位直接或间接与体育用品有关，创造的产值达200亿欧元左右。滑雪板是奥地利最重要的体育用品，也是奥地利最主要的出口产品，年销量超过50万副，冰雪产业对GDP的贡献率占奥地利GDP总值的15%左右。

不只是奥地利，镜像阶段获益的还有法国和意大利。奥运会为那些位于格勒诺布尔附近并以奥运会为目标的产业提供了腾飞的机会，萨洛蒙和罗西诺等大公司在奥运会结束后成为全球户外运动品牌领导者。"二战"后，意大利体育用品制造商抓住了雪橇运动的发展机遇，推出了半封闭式座舱，受到了来自世界各地雪橇爱好者的欢迎，也推动了意大利雪橇运动的发展，运动技术水平迅速提高。

这个阶段还有一个显著特征，即北欧项目在欧洲落地生根，阿尔卑斯山的越野滑雪比赛不再会因为高温变成泥地马拉松，而北欧的越野滑雪也得到欧洲大陆滑雪者的热爱。与高山滑雪爱好者相比，越野滑雪的场地同样也是很好的户外徒步线路，这使欧洲人冬季的休闲娱乐项目更为丰富。比如，泽菲尔德作为赛时越野滑雪场地，在20世纪60年代至70年代并未受到奥地利人的关注，因为无论是在竞技层面还是在大众休闲层面，奥地利都不缺乏垂直极限类项目，所以他们的注意力毫不意外地集中在高山滑雪上。但泽菲尔德的越野滑雪场地作为两届冬奥会的遗产，在21世纪却越发惹人喜爱，这里以越野赛道为基础开发出来长达240公里的户外徒步线路，从一小时的森林穿越到带行李转运的多日路线，越来越多的阿尔卑斯人在越野滑雪、雪地徒步中体验了泽菲尔德的冰雪奇缘。

笔者认为，20世纪60年代至70年代是冬季奥林匹克的镜像阶段或稳定阶段，不仅仅是指赛事规模和项目类别，奥林匹克在经过半个世纪的演进后，终于走向成熟。奥林匹克在全球的传播如同镜像认知的过程，即想象中的自我与镜中影像的认同过程。无论是奥委会、国际单项组织还是冰雪欧洲强国都要去到更多的未涉之地：美国、苏联或者亚洲。奥林匹克传统企图通过内容、行动和符号等构建一个自我镜像，但全球跨文化交涉的对象会根据其需要和欲望生成一个他者镜像、自我镜像与他者镜像之间的偏差正是文化的差异，是兼容并蓄，是求同存异。

我们可以说有关滑雪行为最早的记录是在中国新疆阿勒泰地区，现代冰雪运动发源于斯堪的纳维亚半岛，第一届冬奥会诞生于法国夏蒙尼，而以因斯布鲁克为中心的这150公里之内的阿尔卑斯山地区才是现代冬季奥林匹克真正的母体。奥林匹克在这里孕育成长，摆脱了蹒跚学步的初级阶段，消除了北欧冰雪与阿尔卑斯山地区冬季运动的内在纠结，从孤芳自赏中醒来，走向更广阔的世界，开枝散叶。

第五章

"冷战"：

从激烈到释放的 20 世纪 80 年代

"冷战" 背景

　　20 世纪 80 年代之前，美苏两国已经在军备竞赛中越陷越深，核弹头、核潜艇、远征的舰船、遍布全球的军事基地……两个超级大国相互追赶着增添足以摧毁世界的武器，世界和平在"冷战"之中岌岌可危。1983 年之后，里根总统引导美国推进"星球大战"计划，虽然实际成效有限，但让苏联很快打了退堂鼓，意识到"没有能力同美国开始研究的由计算机控制的智能武器的新技术相竞争"。在那之前，苏联的内部问题是亟须摆脱经济体制的局限，而 1979 年出兵阿富汗以及后来深陷泥潭直至失败，被认为是苏联解体的外部诱因之一。在阿富汗持续开展军事行动所付出的代价和同美国的军备竞赛所付出的代价一样让人不堪忍受。苏联自 1989 年开始从阿富汗撤军，发现联邦的颓势已不可避免。更加剧烈的变化首先在东欧的社会主义国家发生。

　　1980 年是"冷战"激烈对抗走向白热化的转折点，而东欧剧变和苏联解体使"冷战"时代走向消解。20 世纪 80 年代的三次冬奥举办权先后给了美国普莱西德湖、南斯拉夫萨拉热窝和加拿大卡尔加里，冬季奥运会在资本主义和社会主义阵营国家间交替举行。从"二战"之后绵延至80年代的"冷战"趋于白热化，大国之间的角力出现在政治、外交、经济和文化等各个层面，自然也不放过体育这一媒介，冬奥会赛场也不能例外。自苏联在20世纪60年代登场后，冬季运动赛场上的"冷战"元素时而明显时而隐匿，但从未消失。

男孩与男人之战

1980年，美国普莱西德湖成为继圣莫里茨、因斯布鲁克之后第三个两次承办冬季奥运会的城市，距离上一次举办冬季奥运会已相隔近半个世纪。美国冬季奥运会组委会从筹办周期开始就得加班加点，冬奥会与48年前的形态已经完全不一样了。如果说普莱西德湖的冰上中心只需要完善改建，那么新增的高山滑雪场地无疑是个大工程，跳台滑雪和雪车雪橇赛道也必须大兴土木。本届冬奥会参赛运动员共计1072名（女子232名、男子840名），大会共设6个大项38个小项，项目构成基本稳定，只有冬季两项新增设了10公里个人赛。

由于处于特殊的历史时期，普莱西德湖上东道主每一次胜利，其意义都作为提振国民士气的典型被无限放大。一个传奇人物和一支传奇队伍，足以在美国体育史上大书特书。"我代表全体运动员承诺，为了体育的光荣和本队的荣誉，我们将以真正的体育精神参加本届冬奥会比赛，尊重和遵守各项规则。"当开幕式上美国速滑运动员埃里克·海登代表运动员宣誓时，所有人包括他自己都不知道何等的壮举会在几日后上演。这位最耀眼的明星参加了速度滑冰的全部 5 项比赛，无一例外地获得金牌，同时创造了 1 项世界纪录、4 项奥运会纪录，成为冬奥历史上第一个大满贯获得者。包揽速度滑冰从 500 米到10000 米所有小项的冠军，且每一项都创造纪录绝非易事：短距离的爆发力，需要滑 25 圈的 10000 米比赛对耐力的要求，这5 项比赛的连续作战对于运动员是体能和心理的双重考验。

　　海登的身体是古典雕刻家梦寐以求的作品，展示着没有瑕疵的男性肌肉模板。在为他开幕式上身着的运动服进行测量时，只有 38 英寸腰围的裤子才能装下他 29 英寸的大腿，而这条裤子的腰围比他自己的实际腰围大了 6 英寸。他一副"宇宙先生"①的样子，令身怀绝技的斯堪的纳维亚选手们绝望道："我们只能等他退役。"

　　海登唯一不擅长的距离是最短的 500 米，他在一周前的世界锦标赛中输掉了这个项目。在普莱西德湖的比赛中，海登与世

---

① 乔·韦德为了推广健美运动，创办了奥林匹亚先生健美大赛，夺冠者被称为"宇宙先生"。

界纪录保持者、苏联选手叶夫根尼·库利科夫同场竞技，他在最后一个弧度处表现更为稳定，以微弱的 0.34 秒的成绩夺冠，他的奥运纪录是 38.03 分，比库利科夫的世界最好成绩差了一秒。

此后，海登越战越勇，所向披靡，他在 1000 米、1500 米、5000 米项目中接连夺冠。在 10000 米决赛前夜，他观看了一场令人难忘的美国对阵苏联的冰球比赛，结果第二天睡过头了，但这丝毫没有影响他的成绩，也许是前一晚冰球赛场上美国的胜利极大地鼓舞了他。他创造的 14 分 28 秒 13 的纪录比第二名荷兰选手皮特·克莱恩快了 8 秒。尽管早餐吃得很匆忙，但他还是成为第一位在一届奥运会上获得 5 枚金牌的速滑运动员，并获得第十三届冬季奥运会杰出运动员殊荣。

在冬奥赛场取得辉煌战绩的埃里克·海登退役后投身到钟爱的自行车运动，运动天赋让海登不久之后就成了一名职业自行车运动员。1985 年，海登赢得了全美职业自行车赛冠军。第二年，海登参加了环法自行车赛，在还有五天完赛的情况下，海登摔倒，因伤退赛。海登在从事自行车运动的同时，还在斯坦福大学医学院学习运动医学专业。医学院毕业之后，海登先后在 NBA 球队和美国速滑队担任队医，他创立的矫形医院也大获成功。他从赛场到退役后的生活向人们展示了奥林匹克人应有的模样。

美苏争霸使冰球赛场上两国的竞技比拼直接上升到国家层面，一场比赛几乎是国运走势的极致写照。如此重量级的对决，上一次是在 1972 年的夏奥会篮球决赛上，苏联完成"绝杀慕尼黑"，打破美国蝉联篮球奥运冠军 36 年的纪录。在冰球方面，苏联自 1956 年参加奥运会冰球赛以来，曾 5 次夺魁，美国队只有 1960 年作为东道主获得过一次冠军。

由于遵循业余主义，国家冰球联盟的选手当时不被允许参赛，美国只能派出大学生班底的队伍参赛，教练赫伯特·布鲁克斯和大部分队员都来自明尼苏达大学。他们严格遵守纪律，积极备战，一共参加了 63 场热身赛，但在奥运会开幕前三天仍被苏联队以 10 比 3 击败。当他们在冬奥冰球半决赛相遇时，媒体大张旗鼓地宣扬这场生死决战。在比赛开始后，观众席横幅上写着"抵制莫斯科"和"离开阿富汗"，但场内所有运动员将全部的注意力都放在了滑行、对抗，以及对每一球的争夺上。这是"大卫对歌利亚"之战，是业余对专业，是男孩挑战男人的比赛。苏联在冰上拥有绝对的霸权，即使是对抗国家冰球联盟的明星们也不在话下；反过来，由大学生组成的美国队，和苏联队同场竞技简直是荒唐可笑。体育以及生活中罕见的优良品质是谦逊，而自满容易成为成功的绊脚石，无论对于个人或团队都是如此。苏联面对一支如此陌生的球队还是犯了轻敌的错误。美国队教练让队员们必须先正视自己，产生团队的凝聚力和战斗力，这样才能赢得对手的尊重和胜利，"我们和苏联队打了十次，可能会输九次，但这次我们会赢"。

奇迹就发生在那些偶尔发生的非同寻常的转机之中，美国队应验了"不可胜在己，可胜在敌"，挺过了苏联无休止的进攻，守门员吉姆·克雷格不停地扑救。在比赛还剩 20 分钟时，美国队仍以 2 比 3 落后，最后，他们连进两球，赢得了这场激动人心的比赛。

比赛胜利让从体育场到千千万万个美国家庭都沸腾了，卡特总统打电话到赛场表示祝贺，并邀请球队到白宫做客，美国队主教练也对外回应："这是一场美国的胜利，证明我们生活方式的优越……"这场胜利后来被评为美国体育史十大经典比赛之一，甚至被视为"冷战"局面转折的标志性事件，意识形态强加于体育的宣传是后话，但世人应记得，在这样一场史诗般的比赛后，苏联队完全没有敌意，他们微笑着向胜利者表示祝贺，欢呼声快掀翻了屋顶。在最后一场与芬兰队的比赛中，美国队从 1 比 2 落后到 4 比 2 获胜，最终拿到了这枚宝贵的金牌，这一段故事叫作"冰上奇迹"①。

在美苏的激烈角逐之外，不应无视普莱西德湖的滑雪明星们。高山滑雪运动员英格马·斯腾马克出生于瑞典西博滕省，这位身高 1.80 米、体重 75 千克的选手首次参加全国比赛时才 8 岁。他从小生活在斯德哥尔摩以北 700 公里处一个叫塔尔纳比的小村庄，那里常年积雪覆盖，他从小就害羞、孤僻。他说：

---

① 《冰上奇迹》是加文·欧康诺执导的传记片，库尔特·拉塞尔和派翠西娅·克拉克森出演，以1980年美国冰球队参加奥运会的真实故事为素材，拍摄于2004年。

"我之所以滑雪，是因为我很孤独。"事实上，在这个冬日日照不到一个小时的偏远地区，他在 13 岁之前没有别的教练可供选择，一直由父亲执教，后来意大利的赫尔曼·诺格勒才开始担任他的教练。诺格勒发现，这个男孩一心一意的努力终有一天会让他成为冠军。17 岁时，斯腾马克就开始在世界杯的赛道上挑战，到 1976 年赢得世界杯冠军时，除了奥运会冠军暂未获得外，他已经是高山滑雪项目成就最高的选手了。

1979 年，斯腾马克超越了基利在 1967 年创造的单赛季 14 次胜利的纪录。但他在意大利进行下坡训练时摔了一跤，造成了严重的脑震荡，幸而他恢复得很快，及时为五个月后在美国普莱西德湖举办的冬奥会做好了准备。最终，在普莱西德湖冬奥会的回转比赛中以 1 分 44 秒 26 的总成绩击败了美国选手菲尔·梅尔获得冠军。

我仍然很紧张，虽然我不需要紧张，因为我已经获得了我的第一块金牌。我应该比其他人有心理上的优势，这次压力在他们身上。从某种意义上说，第二枚金牌更具有含金量。获得 2 枚奥运金牌的感觉比我预期的要好。最后一点反思：我认为美国人和欧洲人对奥运会的看法有点不同。在美国，你永远是奥运冠军。在欧洲，他们更多是把你看作"前滑雪明星"。如果可以重新开始，我不会再选择高山滑雪了，而是选择集体运动。这样你就不必总是做最好的，而是去享受它，即使你有糟糕的一天，团队也可以是好的。你可以和别人分享一切，无论是成功还是失败。我认为参加团队运动更好。

正是因为他所提到的紧张情绪，他在大回转比赛的第一圈时过于谨慎，结果落在了列支敦士登选手文策尔之后，名列第三。在第二轮比赛中，他的风格和速度都证明了他是不可挑战的，他比其他选手快了一秒多，以 0.75 秒的成绩领先于文策尔夺冠。作为北欧选手，斯腾马克对于成败的反思帮助他在高山滑雪中占有一席之地，他从没回避自己成长环境对性格的塑造，与竞技成绩"高处不胜寒"形成鲜明对比，他总是直面现实的困境和内心的不安。直到 1989 年 33 岁时退役，他在 270 个世界杯项目中获得 86 次胜利，他在 1976—1978 年统治了世界杯的高山滑雪项目。

大回转亚军安德列亚斯·文策尔来自"邮票之国"——人口只有 25000 人的列支敦士登，他和姐姐汉尼·文策尔一同出战本届冬奥会。姐姐汉尼也是高山滑雪运动员，她的成绩比弟弟更为耀眼。汉尼·文策尔参加了高山滑雪全部三个项目的比赛。在高山速降比赛中，她获得银牌；随后，她在大回转项目上，以第一轮第一、第二轮第三、领先第二名 0.46 秒的成绩夺得冠军，她还获得回转项目金牌。在本届冬奥会上，汉尼获得 2 金 1 银共 3 枚奖牌，使列支敦士登居然超过挪威、联邦德国、意大利等冰雪强国，进入奖牌榜前六名。文策尔一家是德国移民，他们的故乡距离第四届冬奥会举小地加尔米施-帕滕基兴很近，家族保持着高山滑雪传统。汉尼·文策尔的女儿维拉瑟延续着家族荣耀，在 2018 年平昌冬奥会女子大回转项目上获得季军。文策尔家族为列支敦士登贡献了奥运奖牌的十分之七，使得"冰雪小强"国家每 3760 名国民就拥有一块奥运奖牌。

苏联的尼古拉·齐米亚托夫在男子越野滑雪赛中取得了优异成绩。他在 30 公里、50 公里和接力赛中三夺金牌，成为冬季奥运会上第一个取得如此成就的滑雪选手。苏联代表团虽然失去了冰球冠军，但在奥运会上获得 10 金、6 银和 6 铜，再次保持了冰雪项目的优势。民主德国仍排在第二名，奖牌数明显增加，是本届冬奥会上获得奖牌最多的代表团。东道主美国位列第三，金、银、铜牌分别为 6、4、2 枚。

这届冬奥会吉祥物是少数几个非寒带动物的形象，当地小学生投票选择了憨态可掬的吉祥物小浣熊，它的名字罗尼（Roni）也是取自当地伊洛魁族语言，表达了对纽约州和普莱西德湖地区原住民印第安人传统的重视。另外，45 名普通市民参与了火炬传递和圣火点燃仪式。距离 1932 年普莱西德湖冬奥会已经过去了近半个世纪，普莱西德湖再续冬奥前缘，这届冬奥会 1.5 亿美元的花销是当年投入的 135 倍，6700 人参与了大会志愿服务，更多民众的加入让这个 2000 人口的小镇真正发展为美国冬季运动中心。

新中国登场

新中国成立以后，国家非常重视发展冬季运动，实行了很多有利于开展冰上运动的政策、法规和办法；定期召开不同级别的竞赛大会；组织专业队伍实行系统的科学训练；实行开放政策，扩大对外交流，派队参加国际比赛等，使普及和提高紧密结合，极大地调动了广大青少年、滑冰爱好者和专业人员的积极性。1953 年，哈尔滨举办了第一届冰上运动会。1962 年，罗致焕在日本举行的世界速度滑冰锦标赛上夺得男子 1500 米冠军。但随着"文化大革命"的开展，冰雪运动发展进入了停滞期。

中国奥林匹克委员会得到国际奥林匹克委员会的认可，重新恢复合法席位是在 1979 年，次年即将举办的是美国普莱西德湖冬奥会及莫斯科夏奥会。由于苏联出兵阿富汗，导致包括中国在内的 60 多个国家抵制了 1980 年莫斯科夏奥会。虽然国人的奥运影像记忆总是与许海峰在 1984 年洛杉矶射下中国奥运首金这一经典影像相关联，但中华人民共和国首次参加的奥运赛事是 1980 年的冬季奥林匹克运动会。中国代表团派出 28 名运动员，参加了滑冰、滑雪、冬季两项 3 个大项 18 个小项的比赛，然而当时的国内冰雪运动竞技水平与世界顶尖选手存在巨大的差距，获得奖牌毫无可能，甚至冲击名次前列都是奢望。

当时咱们的冰雪项目吧，还是比较落后的，属于中游水平。咱们的名次最好的是雪上项目的，大概是第 19 名，我们速滑项目呢是第 21 名。当时从咱们国家的指导思想来说，人家恢复了咱们奥委会的席位，咱们不能不去，就是参与，体现咱们中国人的这种风貌。

——首位中国代表团旗手、速度滑冰运动员 赵伟昌

当时的旗手赵伟昌代表的是最初登上世界冬季运动舞台的前辈，他们不仅肩负着实现冬季项目竞赛成绩历史性突破的重任，更承担着代表中国回归奥林匹克大家庭的历史使命，而这孕育了中华民族的奥林匹克梦想——在中国举办奥运会！而 28 年过去，这个梦想随着北京奥运会的举办而实现，中国又将迎来 2022 北京冬奥会，这是几代中国体育人、冰雪人共同努力的结果！

萨马兰奇保卫萨拉热窝

萨拉热窝一直都是一座抗争的城市，这座历史名城既是第一次世界大战爆发地，又是南斯拉夫人民在第二次世界大战时反法西斯的光荣城市。"二战"电影《瓦尔特保卫萨拉热窝》主人公、地下组织领导人瓦尔特与敌人周旋，挫败德国纳粹的

阴谋，失败而归的盖世太保冯·迪特里施说："你看到这座城市了吗？他就是瓦尔特！"电影也留下了"谁活着，谁就看得见"等经典台词。1984年，萨拉热窝举办了一届完美无瑕的冬奥会，但8年后，这座城市被战争撕裂。奥林匹克精神和全球的大力支持，包括国际奥委会做出的重大贡献，帮助它重新站了起来。这里不得不提到萨拉热窝的另一位"守护者"萨马兰奇。

1984年第十四届冬奥会在南斯拉夫萨拉热窝举办，来自西班牙的萨马兰奇继基拉宁之后成为国际奥委会主席。在萨拉热窝冬奥会上，萨马兰奇对南斯拉夫为举办本届冬奥会所做的贡献予以高度评价，认为是"冬季奥运会60年历史上开得最好、最精彩的一届""第十四届冬奥会作为60年来历届冬奥会中最好的一次而载入史册，从1924年首届诞生以来，世界还没有过如此绚丽多彩的体育盛会，运动员们也从未如此团结一致。萨拉热窝冬奥会再一次体现了和平友谊的奥林匹克理想"。

萨马兰奇接任基拉宁，推动国际奥委会改革。基拉宁时代国际奥委会濒临破产，通过预支奥运会的电视版权费才度过了最艰难的年代。尤伯罗斯在1984年洛杉矶奥运会时成功的商业运作，主要是为洛杉矶及之后的历届组委会提供了奥林匹克商业化运作的成功借鉴，对提高国际奥委会的经济效益并不明显，成就国际奥委会的是1984年洛杉矶夏奥会和萨拉热窝冬奥会的电视版权销售，版权费从1980年的1550万美元增长到

1984 年的 9150 万美元。

萨马兰奇的改革包括：摆脱对美国市场的依赖，开展全球合作伙伴计划；对职业运动员打开大门（足球、网球、冰球）。由于芬兰抗议，奥地利、德国、意大利等国职业运动员无法参赛，他意识到如果不尽快向职业运动员敞开大门，将违背体育职业化和全球化不可逆转的趋势。

在本届奥运会上，回归冬奥大家庭的墨西哥只在 1928 年参加过一次比赛，而塞内加尔、埃及、波多黎各和维京群岛首次参加了冬奥会，来自维京群岛的运动员成为冬奥会上首位黑人选手。比赛项目没有改变，越野滑雪增加了女子 20 公里比赛。本届冬奥会在约 65 万名观众面前共颁发了 97 枚奖牌，电视转播权收入增加到 1.27 亿美元。

美苏争霸使得国际上的紧张气氛达到了极点。美国阻止苏联参加普莱西德湖冬奥会，并决定抵制莫斯科夏季奥运会后，国际紧张局势进一步升级，两个阵营只要从对方身上找到微小的空隙就会对对方展开攻击。在这种情况下，萨拉热窝有了暂时缓解紧张局势的机会，让两个超级大国暂时缓解"冷战"状态，品尝到短暂休战的轻松滋味。1984 年，萨拉热窝是南斯拉夫的一部分，南斯拉夫成为第一个举办冬奥会的社会主义国家。这次赛事亮点包括芬兰的海曼莱宁① 在越野滑雪比赛中独领风

① 比赛结束后没过多久，她就与在萨拉热窝获得 2 枚铜牌的本国男子运动员哈里·基尔维斯涅米结婚，成为马尔雅-丽萨·基尔维斯涅米。

骚、英国花样滑冰选手杰恩·托维尔和克里斯托弗·迪恩的完美表现、民主德国的全面崛起、卡特琳娜·维特在女子单人滑上光芒四射，以及民主德国雪车队统治级的表现。

马尔雅-丽萨·基尔维斯涅米是 1984 年萨拉热窝冬奥会上的杰出人物，准确地说，她那时候还未用丈夫的姓氏，而是以海曼莱宁之名出战萨拉热窝冬奥会。在这届冬奥会上，她在北欧滑雪项目上赢得了所有三个小项的冠军，并在女子 4×5 公里接力赛中获得 1 枚铜牌。这位 28 岁的芬兰人在奥运会前还被记者们说得一无是处，但她默默地用行动予以回击。海曼莱宁出生在一个越野滑雪世家，从小在靠近芬兰与苏联边境的一个农场里长大，5 岁开始学习滑雪。1976 年，她在因斯布鲁克冬奥会上首次亮相，在北欧滑雪 10 公里越野赛上获得第 22 名。两年后，她在 1978 年的北欧滑雪世界锦标赛上获得了金牌，然而在普莱西德湖冬奥会上只获得了第 9 名，由于成绩起伏较大且并不出众，她并没有出现在赛前人们预测的奖牌角逐名单中。但她自称"硬汉"，凭借自己的韧性和决心，赢得了三场令人震惊的、完全出乎意料的胜利：在与苏联选手赖莎·斯梅塔尼娜的比赛中，海曼莱宁以 31 分 44 秒 02 的成绩获得 10 公里比赛的冠军，击败了这位杰出的对手。三天后，她又在 5 公里越野以 17 分 04 秒的成绩再次夺冠。在 20 公里的竞赛中，她以 41 秒的优势再次击败了斯梅塔尼娜，获得了她的第三枚金牌。

夺冠后的女英雄跳过围栏，想要避开芬兰记者的围追堵截。

最终，被围住的她接受了采访，她在媒体上对那些怀疑她的人做出回应："媒体说我永远成不了什么冠军，我想让人们知道，我是个真正的越野滑雪运动员。"之后，海曼莱宁作为芬兰队4×5公里接力赛的一员，获得了1枚铜牌。她难能可贵的品质在于坚持，1988年和1994年的冬奥会上，她再获3枚铜牌，这位七次获得奖牌的选手成了获得越野滑雪奖牌的运动员中年龄最大的女性，令人肃然起敬。

在高山滑雪大回转项目中，南斯拉夫滑雪运动员尤尔·弗兰科的成绩仅次于瑞士选手马克斯·尤伦，获得银牌，这是南斯拉夫获得的第一枚冬奥会奖牌。当晚，一大群市民聚集在城市的主要广场上，在颁奖仪式上，对奥运英雄们的表演表示感谢，然后群众穿过雪地，或悄悄地回家，或前往当地的小餐馆庆祝，在整个奥运会期间，这些餐馆一直营业到凌晨。

在情人节的早晨，克里斯托弗·迪安送给他的冰上舞蹈搭档杰恩·托维尔一朵兰花。他们赢得当晚的冰舞金牌，评委们给出了满分10分的艺术表现分。和最伟大的舞蹈大师一样，他们的《鲍列罗舞曲》以浪漫和悲剧超越了任何个人情感的问题。托维尔和迪安实现了一种本能的表演，"昨晚我们没有和观众在一起，只有我俩是在一起的"。托维尔和迪安滑行时的身体几乎像鸟一样完美，他们优雅的动作是迪安自己编排的，这位来自诺丁汉的警察在艺术造诣上成就非凡。他抱着玫瑰花蕾般的伴侣，抚摸着平凡人的双重幻想：既要成功又要美丽。这场比赛给人们留下了永远不会忘记的优雅。

这是一届属于民主德国的冬奥会，他们在速度滑冰、花样滑冰和雪橇项目上夺取了多枚金牌。

卡特琳娜·维特于 1965 年出生在民主德国的卡尔·马克思城，受到成长环境的影响，她从小就对国家怀有深厚的感情，在这个国家里，她培养了自己的体育天赋。在所有要求回忆奥运荣耀经历的冠军中，她是唯一没有主动提及自己个人成就的人。在 1984 年的萨拉热窝奥运会上，她在与美国对手罗莎琳·萨姆纳斯的比赛中获胜，被冠以"花样滑冰女王"的称号，并一举成名。

维特从小就跟着强大的教练朱塔·穆勒训练，最终被培养为奥运健将得益于她每天 7 小时、每周 6 天的不懈训练，在天赋的加持下，她的才能很快绽放。1980 年，15 岁的她第一次获得国家冠军，两年后又获得了欧洲银牌。与此同时，美国运动员萨姆纳斯的职业生涯与维特的近乎相似且平行，在萨拉热窝冬奥会之前，她已经获得了世界冠军。萨姆纳斯开局不错，在规定动作中排名第一，而维特则排名第三。但在萨姆纳斯出现一些小技术失误后，身穿德国民族服装的维特在短节目中以微弱优势领先。她是一位天生的、优雅的滑冰者，其风格被形容为"运动中的诗歌"。维特的大胆得到了回报，她抓住了评委们的心，有六名评委给了她最高分，最终她以极微弱的优势赢得了金牌。

1988年卡尔加里冬奥会，维特在花样滑冰项目上成功卫冕，并于同年离开奥运舞台成为职业选手。到了 1994 年，她在利勒哈默尔冬奥会上复出，在花样滑冰比赛中获得第七名。当时正值巴尔干半岛战争，她选择了表演《花儿都去哪儿了》[1]，用这首肖洛霍夫小说《静静的顿河》里引用的哥萨克传统民歌，向萨拉热窝发出了和平的祈祷。

1984 年萨拉热窝奥运会上，民主德国无所畏惧的雪车明星在特雷博维奇山比赛中夺冠。陆军前少校沃尔夫冈·霍普带领民主德国在双人和四人雪橇比赛中夺冠。20 世纪七八十年代，民主德国是雪车雪橇项目的主导力量。民主德国队总是结合最新的科技进行橇体性能分析，引入人体科学来改进运动员的技术，在奥运会前进行艰苦的集训……在 1984 年，民主德国雪车雪橇队坚持了这一获胜模式，他们甚至退出了 1983 年的世锦赛，花了尽可能多的时间来研究萨拉热窝赛道的布局和细节。他们给雪车设计了新的悬架系统，在空气动力学方面取得突破，获得进一步领先于竞争对手的实力。

然而，对手们也没有按兵不动。备受瞩目的瑞士队享有传统和人才的优势，而在不久前刚刚夺得世锦赛冠军的苏联雪车队，发明了全新的"子弹头"形的雪车，给竞争者带来了威胁。

---

[1] 肖洛霍夫小说《静静的顿河》里每章之前都引用民谣歌词，20 世纪 60 年代美国民谣歌手皮特·西格尔（Pete Seeger）看到后产生创作灵感，改编为现代民谣《花儿都去哪儿了》，作为一首反战歌曲广为传唱。

与传统的欧洲雪车相比，苏联雪车更短、更窄，这在推动启动时给了他们团队巨大的优势。但是苏联队的技术水平却因为舵手缺乏经验而止步不前。

在 1984 年冬奥会上，霍普跟随著名的同胞迈哈德·内梅尔参赛。在双人雪车比赛中，他与民主德国选手迪特尔·肖尔哈默一起以 3 分 25 秒 56 的总成绩夺得冠军，民主德国选手伯纳德·莱曼和前铅球运动员博格丹·穆索尔位居第二。虽然苏联队获得了 1 枚值得称道的铜牌，但未能打破民主德国队的统治地位。在四人雪车比赛中，罗兰·维济格和安德烈亚斯·基什内尔也加入了霍普和迪特尔·肖尔哈默的队伍，他们四人以 3 分 20 秒 22 的成绩为民主德国队再添 1 枚金牌。再次击败苏联，瑞士人最终获得季军。在冠军争夺之外，最引人注目的选手是 53 岁的瑞典选手卡尔-埃里克·埃里克森，他是第一个在六届冬奥会上参加比赛的选手，作为见证雪车项目发展的"活化石"，他对一些运动队专注修改车体的行为嗤之以鼻。萨拉热窝奥运会后，为了突出舵手和推手的运动能力，雪车车体的设计被标准化。

民主德国在这次女子速滑中，取得了空前的好成绩，夺得了全部 4 项冠军。在本次速滑比赛中，成绩最突出的是上届 500 米金牌获得者 23 岁的卡琳·恩克。她在速度滑冰 1000 米、1500 米赛中两次夺冠，并在 1500 米赛中以 2 分 03 秒 42 的成绩创造了本届速滑中唯一的世界纪录。恩克还在另两项比赛中获得 2 枚银牌。在本届比赛中，民主德国以 9 金 9 银 6 铜共 24 枚奖牌的成绩成为"老大"，领先第二名苏联 3 枚金牌，这在金牌总数较少的冬奥会的历史上是很罕见的。美国则以 4 金 4 银的成绩位列第三。

1972 年以后，民主德国和苏联一直处于领先地位，但此次苏联降至第二位，17 个获得奖牌的国家中有 14 个是欧洲国家。中国奥委会第二次派队参加了这次盛会。运动员共 37 人，参加了滑冰、滑雪和现代冬季两项的 26 个单项比赛。高山滑雪选手金雪飞和王桂珍分别获得第 19、第 20 名，这放到现在对于中国也是不可想象的好成绩。在双人滑项目中，姚滨和搭档栾波虽然只获得第 15 名垫底，但姚滨后来成为中国花滑教父，培养出了中国三对顶级花滑组合，栾波也发掘出来隋文静、韩聪这对当今中国花滑头号组合。

在隆重的闭幕式上，吉祥物韦茨科和卡尔加里两只小熊紧紧地搂抱在一起，象征着友谊和团结，标志着萨拉热窝大会圆满结束。这届冬奥会外界评价极高，也是 20 世纪唯一在社会主义国家举办的冬奥会，本届大会共招募到 10450 名志愿服务者，显示了民众巨大的热情和主办国的动员能力。在萨拉热窝举行比赛的 15 天里，人们仿佛体验了一次古代奥林匹克的神圣性——美苏争霸的神圣休战。

然而，到头来却如梦幻泡影，现实是，冬奥会结束几个月后，苏联抵制了洛杉矶夏季奥运会。更令人痛心的是，不到 10 年时间，这里遭受战乱，波黑内战使得萨拉热窝处于血腥的战争中心，被打成了废墟，主体育场一度成为埋葬阵亡者的坟场，在斯雷布雷尼察发生了骇人听闻的种族灭绝。萨拉热窝衰败得无人能记起它曾经的荣耀，而南斯拉夫也在日后解体为六个国家。

很少有奥运城市像萨拉热窝一样，在奥运会后经历了如此多的困难，在 1994 年利勒哈默尔冬奥会举办之前，萨马兰奇和观众起立，为经受战乱的萨拉热窝人民默哀。波黑内战结束后，萨马兰奇又推动国际奥委会捐款，重建了被战争毁坏的萨拉热窝泽特拉奥林匹克中心，现在，该中心已改名为萨马兰奇奥林匹克中心。2019 年 2 月，萨拉热窝举行了非常成功的欧洲青年冬季奥林匹克节，让奥林匹克再次抚慰这座城市的伤口，为新的发展注入力量。

请回答，1988

《请回答，1988》是 2015 年在韩国 TVN 电视台播出的青春怀旧剧，有笑有泪的小人物故事感动了无数观众，在中国国内也广受好评，其中很多情节展现的家庭温情是东亚国家观众容易产生共鸣的部分。《请回答，1988》的故事以汉城夏季奥运会为背景展开，对于当时的韩国及国民来说，奥运会无疑是最大的一件事，电视剧通过细节展示了韩国经济快速增长的历史背景，也表现了韩国军政府力图诵过举办奥运会来改变国家形象的故事，当然，作为艺术作品也没少以谐谑的角度自嘲、调侃了奥运会中"退赛""烤乳鸽"等失误事件。最终，1988年的汉城夏奥会规模空前，在奥运历史上留下了传唱至今的会歌《手拉手》，以及朝、韩共同入场，《阿里郎》响彻全场等经典场景。韩国人在努力展示民族文化的同时，也表达了全人类渴望和平、团结、协作的精神。

1988年对于奥林匹克来说是一个好年份，就像《请回答，1988》一样，现存的很多冬奥题材的电影，都设置了1988年卡尔加里冬奥会的背景。包括：

《飞鹰艾迪》：英国跳台滑雪运动员艾迪的励志故事

《冰上轻驰》：热带国家牙买加首次参加雪车比赛

《红军冰球队》：以红军冰球队为班底的苏联队30年浮浮沉沉

《刀锋边缘》：重组的双人滑选手夺得奥运冠军

而且这些影片在内部叙述过程中也提及彼此，虽然只有只言片语，但从某种角度上形成了影像叙事的互文性。为什么在这个阶段会出现这么多以卡尔加里为背景的冬奥题材电影呢？一方面是因为1988年卡尔加里冬奥会所处的历史时期——美苏争霸的大时代即将走向结束，是一个从宏大叙事转向个体多样性故事的转折点。另一方面是因为影视作品创作者的创作动机与个人的成长背景息息相关。这一系列电影的创造者大多成长于 20 世纪 80 年代，他们对于自己的青少年时期一定有着特殊的记忆，希望通过记忆的复原来重新审视那段历史，并把他们所经历的那个时代讲述给其他人。从影视作品的制作、销售、传播效果来说，以卡尔加里冬奥会为背景的作品把握住了观众们的怀旧情绪，建立了感情和认知的纽带。

不得不说，美苏两大阵营从对立走向消解不仅使国际格局发生改变，也使奥林匹克的固有格局开始分解，这使卡尔加里发生了更多精彩的故事。大家不会再去关注奖牌榜上是苏联还是民主德国抑或是美国独占鳌头，也不再只盯着冰球比赛，或是在他们优势项目上的那种场内场外的剑拔弩张。人们对于国家、集团、意识形态等鲜明对立的关注转化成了对"有故事的人"的个体关注。

尤其在当代的电影叙事惯用语法中，故事的主角可能并不是一个胜利者或冠军，从某种角度上来说，上文提到的四部电影讲的都是失败者的故事，但这些故事可能更接近于平凡的大多数人所经历过的生活。普通的人可以望向奥林匹克舞台，这为平凡的人提供了一次出离和投射，一次机会或机遇——让他们通过努力、奋斗、拼搏、绽放，去实现自我价值，建立对自我的认同，而不是非要与别人对比、争夺。这也许就是即便过了30年，人们依然对卡尔加里保持许多深刻和鲜活回忆的原因。

1988 年的卡尔加里，应该如何被我们记住呢？

虽然说先后发生的东欧剧变、两德统一、苏联解体使"冷战"走向消解，但是作为即将"获胜"的资本主义阵营还是在冬奥会上含蓄地发声。在卡尔加里官方记录手册的第一张图上就可以看到，意识形态的渗透依然没有放过体育赛场，即便呈现方式放到现在来看显得十分"幼稚"。展示出的图片中，一位小男孩在冰球比赛中高举着手绘的图画，在苏联国旗上打了叉，写着"我爱捷克斯洛伐克"，表达了对捷克斯洛伐克的支持。1989 年，捷克国内取消了关于捷共在社会中起领导作用等条款，实行多党议会民主制，在没有经过大规模的暴力冲突就实现了政治制度更迭的"天鹅绒革命"之后，分裂为两个国家。实际上，这个曾经在"二战"前高居全球 GDP 第七位的工业强国因分分合合而从此一蹶不振。

卡尔加里冬奥会筹备过程中大兴土木，在卡尔加里大学内建造的麦克马洪滑冰馆是冬奥建筑典范，是世界上首个全封闭的 400 米大道速滑场馆。速滑及其他冰上比赛转入室内进行，现有的 30 个大道速滑世界纪录中有 17 个在这里产生，因此这里又被称作拥有"世界上最快的冰面"的滑冰馆。

从此，冬季项目分为冰上项目和雪上项目两个支流，冰上项目使用人工制冰，逐渐转移至室内场馆进行，而雪上项目也开始大量使用人工造雪，但依然保持着原生的户外属性。卡尔加里新建的室内速滑场馆技术如此创新，以至于在男子 10 公里速滑项目中，奥运纪录被打破 16 次。世界纪录被冠军瑞典人托马斯·古斯塔夫森打破。此前，古斯塔夫森曾成功取得速度滑冰 5000 米冠军，他和其他 21 人超过了埃里克·海登的奥运会纪录。

荷兰女子速滑选手伊冯·范·根尼普悄无声息抵达卡尔加里，当时，人们的注意力主要集中在民主德国的顶尖选手身上，而范·根尼普在距冬奥会开幕还有不到两个月时因脚伤不得不接受手术，并在医院度过了两周的康复期。她仍然被视为有望获得奖牌的选手，但没人指望她能有惊人的表现。与四年前相比，范·根尼普已经有了明显的进步，而脚伤构成了一个几乎不可逾越的障碍。她的第一个项目是 3000 米，从一开始她就面临一场艰难的战斗，她在比赛的大部分时间里落后，直到最后，才以 0.15 秒的优势夺冠。四天后，她和另一位民主德国老将卡琳·卡尼亚再次在 1500 米比赛中对阵。比赛再次证明了双方势均力敌，但最终还是范·根尼普获胜，她以 0.14 秒的优势击败了卡尼亚，创造了新的奥运纪录。范·根尼普满怀信心地开始了她的最后一个项目 5000 米，这位荷兰选手在速度和战术上都表现出了最好的状态，拿下了第三枚金牌。

来自民主德国的克利斯特·罗腾布格尔捍卫了民主德国的传统，在 500 米速滑项目中取得银牌后，她又夺得 1000 米速滑的金牌，并且打破世界纪录。随后，她和她的教练卢丁结婚。在她进行滑冰训练的早期，卢丁建议她在不上冰的季节进行自行车训练来保持运动水平。罗腾布格尔迅速地在自行车项目上取得突破，1986年，她在世界自行车锦标赛上夺取1枚金牌。1988年韩国汉城夏季奥运会上，罗腾布格尔获得自行车1000米竞速赛银牌，此时距她在年初的冬奥会上夺金不到七个月，这使得罗腾布格尔成为历史上唯一在同一年同时夺得夏季和冬季奥运会奖牌的运动员。

在讲述英国跳台滑雪的电影《飞鹰艾迪》中，主角是戴着近视眼镜的英国人迈克尔·爱德华兹，他被戏称为"飞鹰艾迪"，因为他在空中的时间总是很短，实际上，每一次比赛，他的成绩都是垫底。但是，对于从事高山滑雪项目训练的艾迪来说，参加比赛是出于自己的热爱，每一次跳跃都是对自己的超越。赛后做出雄鹰飞翔的庆祝动作和观众互动，使他成为赛场上媒体报道的"红人"。因此，他在私下里遭到了英国队同胞的排挤，以及专业运动员的怨恨，甚至有人向国际奥委会提出应重新考虑其参赛资格。但更多观众从艾迪的勇敢和坚持中，理解了奥林匹克精神的真谛——参与比取胜更重要。芬兰选手马蒂·尼凯宁在影片中并不是主角，他以高冷、骄傲的形象出现，但在最后一跳的过程中，排名第一的他和倒数第一的主人公艾迪的对话却格外有趣。

你和我就像是时钟的1点和11点，我们比其他人更接近，他们都是为了争夺胜利而较量，而你、我只是为了自己。如果我们不竭尽全力，一定会抱憾终生。

马蒂·尼凯宁是跳台滑雪界的白袍少年，18 岁时加冕世界冠军，并在萨拉热窝捍卫了自己在跳台滑雪 90 米级的冠军头衔。他在 70 米级的普通台远远超过了所有对手，包括捷克斯洛伐克选手帕维尔·普罗克和吉里·马雷克，17 分的领先优势在奥运会比赛中是前所未有的。由于危险的侧风，大跳台上的比赛一再推迟，但尼凯宁以优异的表现捍卫了自己的桂冠，他的胜利再次刷新了奥运会历史上大跳台项目的飞行纪录——118.5 米。在团体项目中，他带领芬兰队一路领先，获得了自己的第三枚金牌。他被人们称为"不可战胜的芬兰人"，在运动生涯中，曾获得 4 次奥运冠军、5 次世锦赛冠军，5 次刷新世界纪录。

尼凯宁虽然拥有着传奇的体育人生，但他场外的故事基本都是负面的。尼凯宁除了酗酒之外，还有严重的暴力倾向，结婚五次的他多次家暴，还经常与他人斗殴。退役后，尼凯宁成了不错的歌手，得益于制造的新闻不断，发行的专辑销量还不错。2019 年 2 月 4 日，55 岁的尼凯宁离世，令人叹息，更具讽刺意味的是，娱乐媒体率先报道了他的死讯。

这一届运动会中，首次参加冬奥会的国家里出现了热带的岛国，有牙买加、斐济、关岛、危地马拉和荷属安的列斯。牙买加雪车队能站在奥运会的赛场上就已经是胜利，所以他们在卡尔加里的表现不能用成绩或奖牌来衡量。虽然来自加勒比海岛屿的这 4 位雪车运动员没有登上领奖台，但他们的努力赢得了国际赞赏和尊重。赛后，美国人甚至还以他们为原型拍了一部名为《冰上轻驰》的电影。

苏联取代加拿大第七次获得冰球冠军，东道主和美国在这个项目上都没有获得奖牌。在四分之一决赛中，苏联队以 5 比 0 击败加拿大队挺入决赛，夺金在望。决赛中，芬兰队守门员朱卡·塔米多次封堵苏联的射门，让他的国家虽败犹荣。对芬兰来说，这枚银牌弥足珍贵，它是该国的第一枚冰球奖牌。

至此，20 世纪 80 年代的冬奥会都结束了。在 1992 年阿尔贝维尔冬奥会之前，奥林匹克运动深受"二战"后"冷战"思维的影响，来自社会主义国家和资本主义国家的运动员在赛场上不仅比拼竞技水平，更暗含了国力角逐，而这一超越体育范畴之外的竞争也成为当时人们关注的焦点。告别"冷战"，冬季奥林匹克走向了新阶段，呈现出多元发展的可能性。一如牙买加雪车队的登场——一个热带国家都可以参加冬奥会的雪车比赛，意味着我们每个人的生活方式都具有另一种可能。

第六章

转向：

冬季奥林匹克的商业化与环境保护

"冷战"后的奥林匹克转向

　　萨马兰奇执掌国际奥委会之后推进了法律、商业、文化三个方面的改革，这些改革在 20 世纪 90 年代取得了立竿见影的效果。首先是法律确保了国际奥委会的独立性。国际奥委会重建、完善了内部组织构架，确定了法律地位，可以以法人身份参与同其他各类组织和机构的合作，行之有效地处理重大事务。其次是商业开发奠定了发展的基础。国际奥委会放弃了标榜"纯粹性"的不营利规则，避免了奥运会组织频频赤字、奥委会濒临破产的窘境，商业开发也从单一的转播权销售发展为多种方式的经营，为奥林匹克拓展版图积累了物质基础，同时，商业化过程中废除了业余主义的局限，更多优秀的运动员得以参赛，这也极大地激发了奥林匹克发展的活力。另外，文化传播中越发重视奥林匹克教育，突出人文关怀，使得奥林匹克对现代价值有了更多的包容，人们不再局限于四年一次的体育赛事，而是通过奥林匹克的传播实现多元文化的构建。

从外部原因来看，国际奥委会脱离了大国政治的摆弄，奥林匹克不再为强权政治而隐忍妥协，而是作为国际组织在促进世界和平、发展体育运动等方面发挥更多的积极作用。这在20世纪90年代尤为突出地显现在两个方面：商业化驱使下，冬奥会与夏奥会不在同一个奥运年举行，以及逐渐落实的环保政策。

奥林匹克运动的伦理道德在20世纪90年代悄然发生变化，单"商业化"这一个词就可以挑战奥林匹克主义所倡导的几乎维系一个世纪的传统价值观。经济在过去半个世纪是越发现实的问题，特别是在20世纪80年代以后，已成为奥运会能否举办的一个决定性问题。无论人们将金钱视为体育的机遇，还是一种堕落，在申办、组织和延长奥运会活力方面，金钱已日益成为各个城市和国家在申办冬奥会时考虑的核心问题。

柏林墙倒塌和苏联解体使"冷战"思维对奥林匹克运动的影响不复存在，但长期以来隐藏的环境问题开始浮出水面，成为奥林匹克运动面临的新难题。阿尔贝维尔在时间维度上，正处于奥林匹克运动发展的转折时期，环境策略的失误和管理不善，在媒体的传播下产生了全球性的连锁效应。冬季奥林匹克在结束了"冷战"时期的影响之后，出现了重大的转折，对于人与自然的反思成为西方世界的主流思想，这也影响着冬季奥林匹克的发展。

1992 年阿尔贝维尔冬奥会

    法国东南部阿尔贝维尔地区是欧洲最大的滑雪度假区之一。每年冬季，这座小城遍地都是滑雪场，灯火通明，其中许多滑雪场都是为举办 1992 年冬奥会而修建的。在 20 世纪 90 年代初期，举办国意识到奥运会可能会带来经济上的获益，但实际上还应该考虑到举办奥运会所需要的巨额财政支出给国家带来的财务影响。历史学家、经济学家、社会学家等，开始对这一问题进行大量研究。因此，当法国于 1992 年在阿尔贝维尔举办冬季奥运会时，法国政府要求来自不同学科的一批学者详细阐述关于该赛事可能产生的经济和社会的影响。

    从地理位置上看，阿尔贝维尔夹在夏蒙尼和格勒诺布尔之间，作为最后一次与夏季奥运会在同一年举行的冬季奥运会，筹委会签订了许多赞助计划，约有 58 项；组委会在赛区、赛场的设置上欠缺考量，实际上，全部 57 个比赛项目中只有 18 个在阿尔贝维尔本地举行，其余的比赛分布在阿尔贝维尔周边的 13 个比赛场馆，导致场地过于分散。政府试图借助冬奥会提升当地旅游业，然而意想不到的是，阿尔贝维尔留下的奥运遗产竟是因地区经济开发失败而导致的 6700 万美元的亏损、几十年的债务以及对环境的极度破坏。尤其是当人们提出环保理念时，大多停留在口号和"一刀切"的环保策略上，这只会造成成本的大量浪费，并没有达到环保的实际效果，如拉普兰雪车赛道造成了山体滑坡，而库尔舍维勒的滑雪跳台使用了环保材料，却收效有限，白白浪费了金钱。环保不是一个单一命题，而是和政治、经济、社会学共存相依的，失败的环保策略会给社会带来严重后果。

20世纪90年代的开幕式告别了团体操模式，导演菲立普·德库弗列①用声光电等舞台艺术展示了法国人在艺术审美上的创新精神和独特风格。法国滑雪名宿基利担任了本届组委会副主席并主持了开幕式，足球明星普拉蒂尼带着一个小男孩点燃了火炬。

20世纪90年代的冬奥会焕然一新，新增的分项扩大了冬奥会的规模——自由式滑雪、短道速滑、女子冬季两项成为冬季奥运会的正式比赛项目。赛会的金牌大户还是北欧明星，挪威滑雪运动员包揽了全部男子越野滑雪比赛金牌，其中比约恩·戴利和维加德·于尔旺各获得3枚奖牌。16岁的芬兰跳台滑雪运动员托尼·涅米宁共赢得2金1铜3枚奖牌，成为冬奥会史上最年轻的男子金牌运动员。女子10公里、15公里越野滑雪的冠军都被独联体的叶戈罗娃夺得。

美国速度滑冰运动员伯尼·布莱尔赢得了速度滑冰500米

---

① 菲立普·德库弗列（Philippe Decouflé）曾在肢体表达、马戏、默剧、舞蹈等多个艺术领域学习，并在舞蹈领域开始了自己的创作生涯。他创立了自己的剧团，将著名的超现实主义与魔幻主义著作《塞拉菲尼抄本》改编并搬上舞台，奠定了他的艺术基调。在舞台之外，他不断寻求新的艺术表达方式，如电影和视频影像，在执导法国大革命200周年阅兵式后在法国声名鹊起。最近，他将中国科幻小说《三体》改编并搬上百老汇舞台。

和 1000 米项目的金牌。她可谓中国选手叶乔波的宿命之敌。在女子速度滑冰 500 米比赛中，她以 40 秒 33 获冠军，叶乔波以 40 秒 51 的成绩获亚军，这是中国第一次在冬季奥运会上取得奖牌，实现了"零的突破"；布莱尔在 1000 米速滑比赛中以 1 分 21 秒 90 的成绩再获 1 枚金牌，而叶乔波仅以 0.02 秒的差距屈居亚军，又为中国夺得 1 枚银牌。

叶乔波 12 岁入选八一速滑队，作为中国冬奥奖牌第一人，厥功至伟。她 16 岁获全国冠军赛青年组亚军，17 岁获全国青年赛全能冠军，1990 年，在第七届全国冬季运动会上获得 4 枚金牌，在来到阿尔贝维尔之前的赛季横扫世界杯各站比赛，成为中国拿到"金冰刀奖"的第一人。但连续高强度参赛给她的身体带来巨大的伤病，左膝盖的两侧韧带和髌骨早已断裂，腔内有 8 块游离的碎骨，骨骼的相交处呈锯齿状，带伤参赛的她最终与金牌失之交臂。

叶乔波的冬奥会可以用十六个字概括："两次参赛，两银一铜，八块碎骨，一张轮椅。"赛后回国时，叶乔波只能坐在轮椅上，但她为国拼搏的精神感动无数国人。对此，她只是感恩地说："在我成长过程中，凝聚了许多人的心血，没有他们，就没有我日后诸多的荣誉和成绩，不计自得利益，但求回报社会，心底才舒坦，人生才快乐。"这就是中国第一代冰雪人的情怀。

短道速滑成为本届冬奥会正式比赛项目，就在女子 500 米短道速滑比赛中，李琰夺取 1 枚银牌，这是中国短道速滑队第一枚冬奥会奖牌。实际上，李琰在1988年就夺得1金，只是那一届短道速滑还属于表演项目，但她没有怨天尤人，也没有感慨生不逢时，在放弃了国外高薪聘请后毅然回国执教，最终培养出王濛、周洋等顶级选手，为中国成为短道速滑强国做出了巨大的贡献。中国冰雪永远不会忘记这些先行者。

高山滑雪由于比赛竞争激烈，直到这一届冬奥会才出现卫冕冠军，这一殊荣属于意大利人阿尔贝托·汤巴。许多优秀的滑雪者都出生在山区，他们的运动生涯在很小的时候就开始了。阿尔贝托·汤巴有点不同，这位意大利人出生在博洛尼亚附近，年轻时热爱足球、网球和摩托车。他是一个优雅的、技术高超的滑雪运动员，滑雪风格勇往直前，意志坚定。他将经验与自己的速度和天赋相结合，使自己成为世界上最好的滑雪者之一。在卡尔加里，这位意大利人比其他人快了一秒多，这对于奥运会滑雪项目来说是一个令人难以置信的优势。他在四年前的卡尔加里获得过大回转和回转金牌，并在阿尔贝维尔再次夺得大回转冠军，回转也有1枚银牌入账。后来，他又参加两届奥运会，再添1银，成为第一位连续三届都有奖牌的运动员，这对高山滑雪运动来说算是奇迹。

除了在冬奥赛场上创造历史，意大利人还有更值得庆祝的事情。1988年，赛前，汤巴的父亲跟他打赌说他不会从卡尔加里带金牌回来，而儿子回家后，父亲如期兑现了赌约，给他买了一辆法拉利。在20世纪90年代，汤巴的4届奥运之旅共获得 5 枚奥运奖牌，在奥林匹克运动商业化的过程中成为广告商的宠儿，与兰博基尼在雪坡上追逐比赛的场景堪称汽车广告经典，而他代言的雪具等运动装备也受到追捧，让斐乐等赞助商成为那个时期的一线品牌。

汤巴的形象并没有因为商业化而令人反感，他得体地用自己的滑雪天赋和优异成绩给更多人带来帮助。基于在竞技和商业层面的模范价值，他成为唯一出现在"百年奥运"动画中的滑雪运动员。汤巴在回忆奥运经历时提到，世界杯和世锦赛的利益更多地与赞助商和电视转播关联，赛道更加险峻，赛事中，每个醒来的早晨，他都感觉到不容有失的压迫感，但奥运会的赛事全然不同，奥运会能令自己感到幸福，因为它能带来热情和对青少年的激励。

法国的吕克·阿尔方参加过 3 届冬奥会，没有拿到任何奖牌，在国际奥委会网站上也没有留下一个字的个人介绍，在阿尔贝维尔主场作战的吕克·阿尔方的高山滑雪速降排名第 12，超级大回转获得第 16 名。这位获得过 12 次世界杯分站赛冠军的选手似乎与奥运奖牌没有缘分，但这不妨碍他成为拓展新领域的冒险者。阿尔方的父母是阿尔卑斯山山地向导，从小他就不缺少冒险主义的遗传因子，在幻想登月的童年，他的哥哥把他放进了"太空舱"——洗衣机，还好没有开动电源。阿尔方在职业生涯初期饱受骨折、韧带撕裂的困扰，直到 29 岁才走上职业巅峰，在 1995 年和 1996 年的男子速降世界排名中，阿尔方高居第一名。当曾经冷淡的媒体开始将期待的目光投向他时，阿尔方就像前一年莫名退役的坎通纳一样，莫名其妙地在巅峰转身离去。正如坎通纳所说："海鸥跟着拖网渔船飞行，是因为它们认为沙丁鱼会被扔进大海。"不为舆论和媒体所裹挟，洒脱地做自己，也许就是法国人的浪漫。

阿尔方在 1998 年加入达喀尔拉力赛中，他承认自己开启赛车生涯并不容易，"我出生在海拔 1500 米的低温地区，冬天待在户外是我的生活。沙漠是一个不同的世界，沙漠里 45 摄氏度，甚至超过 50 摄氏度。这对我来说，真是一场噩梦。那是一个不同的世界。我的视力和速度分析能力是我的一大优势，但这需要时间来学习"。经过多年努力，阿尔方在 2006 年完成拉力赛一年三冠的伟业，赢得达喀尔拉力赛、阿根廷拉力赛以及迪拜拉力赛的冠军。

更令人欣喜的是，吕克·阿尔方虽远离滑雪，但他的女儿埃斯特尔·阿尔方并没有中断家族传统，她在阿尔贝维尔上学，并代表法国参加了首届冬青奥会，最终，她在高山速降、超级大回转的比赛中打败挪威队的诺拉·格里格·克斯滕森获得了冠军，女承父业，成为首届冬青奥会高山滑雪第一枚金牌获得者。

阿尔贝维尔市的成功和失败都显而易见，不可否认其具有革新性，阿尔贝维尔提出了三个方面的奥运会筹办原则：第一，避免奥运场馆赛后废弃，尽可能对原有设施进行修缮和改建；

第二，奥运会筹办工作以运动员为中心；第三，地区开发要把当地居民的利益和奥运会联系起来。这些原则无疑都有好的出发点，揭示了冬奥会举办的正确方向，然而阿尔贝维尔的问题在于实际结果远未达到预期，虽然高山滑雪场、库尔贝尔跳台、拉普拉涅的雪车跑道依然在使用，但一直在赤字运营，市、地方自治团体方面对雪车赛道每年支援 11 万欧元，对滑雪跳台支援 15 万欧元。赛后选择继续运营这些设施可以说是为奥运会付出的代价。为本次奥运会修建的其他基础设施使当地发展旅游业的基础条件更加完善，确实为阿尔贝维尔创造了十多年的连续收益，扩大了阿尔贝维尔地区在国际上的名声。但是，亚洲的新兴国家市场逐渐提升竞争力，为全球冬季体育产业带来了新的增长点。从欧洲过去 10 年滑雪旅游销售额逐渐停滞或减少的事实中可以看出，阿尔卑斯市场已经饱和，无论是政府还是市民对于迎接再一次的奥运会，恐怕都是心有余而力不足了。

北欧模式

北欧人认为，"既然我们被上帝放到东西方交界的夹缝中，我们就得学会在夹缝中生存的艺术"。北欧受制于西欧列强和俄罗斯，必须将存亡和发展掌握在国家手中，这种文化的独立性孕育了创造精神，长久形成了北欧可持续发展的发展模式，在此基础上形成了北欧模式 ①。北欧公民乐于参与公共事务，并获得平等享受公共服务的基本权利。可持续发展观诞生在北欧并不让人感到意外，1987 年，以挪威首相布伦特兰为主席的联合国世界环境与发展委员会发表的《我们共同的未来》，首次清晰地表达了可持续发展观。

我们需要新的全球化伦理，能够体现当前和未来的几代人，在实现全球自然环境动态平衡中的责任以及对我们在其中所承担角色的理解。想要实现奥林匹克运动理想，最重要的是国际协作，这需要我们比以往付出更多努力。

——布伦特兰，1988 年国际奥委会会议获得举办权后的讲话

布伦特兰向国际奥委会和世界各国承诺，1994 年利勒哈默尔将成为环保奥运的典范。

利勒哈默尔是挪威的一个小城镇，居民仅两万多人，但有市政府的支持和直接管理，各项筹备工作进展非常顺利。把冬季运动的场地建设于自然环境之中而不对自然环境造成破坏是

---

① 北欧模式，被很多人称为"福利国家模式"，其突出特征是国家通过各种法定的福利保障计划形成一种体制，建立一种社会保障网，实行从"摇篮到坟墓"的高度社会福利，涵盖社会保障、社会福利、社会服务和社会补助等方面，使个人不因生、老、病、残等而影响正常的生活。

有可能的。环境教育计划在全国实施，挪威各地的学校将利勒哈默尔冬奥会提出的环境教育理念纳入学校基础教育，挪威广播公司也围绕这一理念为挪威学校提供环境保护教育节目。利勒哈默尔冬奥会在环境保护方面执行极为严格的标准，甚至开幕式放飞和平鸽都要考虑保护动物，由于低温、黑夜和猛禽等，开幕式不应使用真正的和平鸽。冬奥会的比赛场地之一——吕斯郭尔跳台的建设也严格执行环保原则，它后来成为全世界最好的跳台之一。

1984 年萨拉热窝冬奥会的电视转播收入大幅提高，由上届的两千多万美元激增到一亿美元，这大大缓解了国际奥委会和主办方的财政危机。1992 年巴塞罗那奥运会带来了 260.48 亿美元的经济效益，创下奥运会收益之最，电视转播权被美国全国广播公司（NBC）以 4.1 亿美元购得，再加上欧洲广播电视联盟、日本 NHK、澳大利亚电视台等相继投资，使筹委会获得 6 亿多美元的收入。

从 1994 年起，每 2 年就将迎来一个奥运年。由于奥运会电视转播费用是国际奥委会的主要收入来源，所以增加电视转播和吸引更多的电视观众，也是实施冬奥会与夏奥会间隔两年这一方案的目的之一。同时，奥运会次数的增加也使各家电视台可以更灵活、合理地制订转播计划，分配转播资金，以及吸引更多的观众。

吉祥物少有地（也是截至目前唯一的）出现了人物形

象——哈康王子和克里斯汀公主，他们都来自 13 世纪的挪威王室，前者是跳台滑雪传说中被勇士救下的小王子，后来在 1217 年至 1263 年成为挪威国王，而著名的克里斯汀公主则是他的婶婶。

俄罗斯运动员柳博芙·伊万诺夫娜·叶戈罗娃在越野滑雪项目上获得 3 金 1 银，其实她 1.68 米的身高以及体形在运动员中并不算突出，但她凭借坚韧的意志和精湛的技术赢得"越野滑雪女皇"的美名。她的励志故事没有停留在 20 世纪 90 年代，2002 年，年已 36 岁的"老将"叶戈罗娃竟然又出现在第十九届冬季奥运会的越野滑雪赛场上。虽说成绩大不如前，她在女子 10 公里比赛中获得了第五名（28 分 50 秒 07），在女子 1.5 公里计时赛中排在第十一位，但她的坚持源于对越野滑雪的热爱，所以人们不再关注"王位"争夺，而是为跨越时代"女皇"对越野滑雪运动的坚持与热爱报以掌声。

东道主运动员约翰·科斯被称为"从病床走向领奖台"的奇人，1992 年阿尔贝维尔冬奥会开幕式时，他还因为胰腺炎躺在医院的病床上，在排出了一颗结石之后，他火速回归赛场，在速度滑冰 1500 米、10000 米的比赛中拿到 1 金 1 银。在 1994 年利勒哈默尔冬奥会时，作为东道主运动员，他在速度滑冰比赛中收获 3 金，并且全部以打破世界纪录的成绩夺冠。尤其是 10000 米速滑的世界纪录本就属于科斯，他在和自己较量，把世界纪录再次提升 12 秒，以超过第二名 18.7 秒的巨大优势夺冠。荷兰是速度滑冰的"宗主国",为了表彰自己国家优秀的运动员,他们会为本国奥运冠军颁发"金蝴蝶"奖章,由于科斯在这届比赛中的表现太出色,荷兰非常例外地把这枚奖章颁给了挪威人。退役之后,科斯成为国际奥委会委员,继续为冬季运动的推广做出贡献。

本届冬奥会的一大特点是出现了很多卫冕冠军。在双人雪车的比赛里,瑞士组合古斯塔夫·韦德尔和多纳特·阿克林成为首位在此项目卫冕的冠军;而俄罗斯的双人滑选手艾卡特莉娜·格尔德耶娃和谢尔盖·格林科夫在花样滑冰双人滑项目上成功卫冕;美国的伯尼·布莱尔保持了她在速度滑冰上的优势,在速滑 500 米和 1000 米项目上卫冕。大量卫冕冠军的出现主要是因为相隔两年就举办了利勒哈默尔冬奥会,很多高水平的运动员依然保持运动巅峰。当然,这对所有人都是公平的,一如电影《我,花样女王》中,美国女子单人滑选手托尼亚在阿尔贝维尔铩羽而归之后,出身底层的她一度萌生退意,在餐馆里干起了服务生,但 1994 年利勒哈默尔冬奥会开幕时间的确定,意味着她不必再等待漫长的四年时间,隔年就能得到再次一搏的机会。

赛事举办期间正值波黑内战。当时,波黑国内的塞族、克族和穆族因为宗教民族卷入长年的战争,相互残杀。但是,在这次奥运会雪车比赛上,一支来自波黑的队伍却由两位波斯尼亚人、一位塞尔维亚人和一位克罗地亚人共同组成。他们一起推动、跃入雪车并融为一体,展示了奥林匹克的团结精神,在颠沛流离的岁月里，他们在冬奥会的雪车赛道上留下了兄弟情深的滑行轨迹。

本届冬奥会俄罗斯位列奖牌榜第一，金、银、铜牌分别为11、8、4枚；挪威位列第二，金、银、铜牌分别为10、11、5枚；德国排名第三，金、银、铜牌分别为9、7、8枚。亚洲排名最高的是韩国队，韩国人凭借在短道速滑项目上建立的优势，最终以4金1银1铜的战绩位列总奖牌榜第六。

1992年阿尔贝维尔冬奥会和联合国环境与发展大会相继进行，1994年利勒哈默尔冬奥会被公认为是一届环境保护优异的冬奥会，这推动了国际奥委会从根本上重新考虑对环境问题的立场。两年之内，从没有环境保护组织以及应对政策，到形成组织机构并制定了一系列政策，环境保护几乎完全融入奥林匹克主义的哲学中来。

千禧盛宴

长野位于日本本州岛，历史悠久且自然风光秀丽，沉寂的火山被皑皑白雪覆盖，更有如立山雪谷、诹访湖等观光名胜。这里的田园风光孕育了当代日本艺术家，如配乐大师久石让和动画电影作家新海诚，他们的作品带有故乡的清新风格。久石让在1998年为家乡冬奥会尽了一份力，在冬残奥会上担任音乐总监。而 1998 年长野冬奥会开幕式的主舞台留给了世界级指挥家小泽征尔，在他的指挥下，歌唱家们在长野冬奥会开幕式的主会场合唱了《欢乐颂》，通过电视信号传递，全球多个城市，包括北京、伦敦、巴黎、纽约、悉尼和好望角等分会场的歌唱家和观众也加入演唱之中，这无疑是奥林匹克舞台上最令人震撼的一幕。

全球化的脚步日益加快，人类即将走向新的千年之际，地球上的每个人都为见证这一刻而越发兴奋起来。虽然 2000 年只是人类纪年的一个刻度，但在每个个体有限的生命里能见证世纪的跨越，是作为人类的一分子的荣耀，这无关肤色、国籍、民族。本届冬奥会有 72 个国家和地区的 2176 名运动员参加比赛，创下冬奥史上之最。而吉祥物也是数量最多的，"寸喜""能城""家喜""都木"4 只猫头鹰，形态怪异又活泼可爱。4 个日文名字用英文缩写可拼成"Snowlets"，为"雪上小精灵"之意。而 owlets 为"小猫头鹰"，"lets"表达了向人们热情的呼唤，凸显了组委会设计的精妙之处。

这届冬奥会的主题是"人类与自然共存"。实际上，奥运会举办城市对环境的诉求和关注在 20 世纪 70 年代就已经出现。国际奥委会在 1992 年巴塞罗那奥运会期间签署《地球公约》，1994 年，又把环境保护写入《奥林匹克宪章》，确认环境和可持续发展的重要性，明确环境在奥林匹克哲学体系中的地位。同年，联合国环境规划署下设了体育与环境部门。在长野冬奥会上，环保意识得到最好的体现，之后的 1999 年《奥林匹克运动 21 世纪议程》公布，陈述了奥林匹克运动在环境保护和可持续发展方面的承诺，把奥林匹克运动置于全球化下的可持续发展之中，确定了不同成员在贯彻可持续发展行动中肩负的责任，最终确立了奥林匹克发展三大支柱：体育、文化、环境。

举办滑冰比赛的轻井泽地区对中国冰雪运动而言意义重大，中国冬季项目世界大赛"零"的突破就发生于此，1963 年，罗致焕在长野世界速度滑冰锦标赛上夺得 1500 米冠军。中国代表团在长野冬奥会上又有进步，做到了"全面参赛"，在滑冰、冰球、滑雪、冬季两项 4 个大项 40 个单项的比赛中夺取银牌 6 枚、铜牌 2 枚。短道速滑优势逐渐显现，6 个项目都有奖牌，其中最可惜的莫过于男子速滑名将李佳军。

竞技体育就是这么残酷，我曾经距这个目标很近很近，但阴差阳错，始终就差那么一点。我安慰自己，这或许就是竞技体育的魅力所在。

——李佳军

李佳军的情况很像前辈叶乔波，在奥运前的赛季取得世界杯冠军，但在奥运赛场上与金牌失之交臂。长野冬奥会上，他在短道速滑 1500 米的比赛中获得银牌，之后又与队友合作，在短道速滑 5000 米接力比赛中获得铜牌。在四年后的美国盐湖城冬奥会上，他复制了这一成绩。他最后一次参加冬奥比赛是在 2006 年都灵冬奥会，他在速度滑冰 1500 米的比赛中获得铜牌。虽然缺少一枚冬奥会金牌，但他仍是中国男子短道速滑的第一位领军人物。

长野冬奥会上进步最快的是荷兰，一举夺得 5 金 4 银 2 铜的战绩，从以往金牌榜上的第十几名一下子上升到本届第六名，令人惊叹。荷兰进步的奥秘与"冰刀革命"有关。荷兰人用 10 年时间，发明了名叫"克莱普"的新型冰刀。以往的冰刀是鞋与刀相互固定，但克莱普却将鞋跟与刀柄松开，从而加大了步幅，减少了阻力。克莱普冰刀能将中长距离速度滑冰比赛的滑行速度提高 5%，平均每圈 400 米能快 1 秒到 1.5 秒。将 1997 年使用传统冰刀创造的世界纪录与 2002 年盐湖城冬奥会上使用新冰刀创造的世界纪录相比，速度滑冰男子项目的 500 米、1000 米、1500 米、5000 米、10000 米成绩分别提高 1.07 秒、2.92 秒、4.93 秒、15.67 秒、31.63 秒，女子项目的 500 米、1000 米、1500 米、3000 米和 5000 米成绩分别提高了 0.41 秒、1.60 秒、3.85 秒、10.10 秒和 16.35 秒。

长野冬奥会越野滑雪项目上最耀眼的明星当数挪威运动员比约恩·戴利，他在本届冬奥会上赢得了 3 枚滑雪金牌，在前两次冬奥会上分别获得 5 枚金牌和 3 枚银牌，成为第一位在冬奥会中赢得 8 枚金牌的运动员，而他的冬奥会奖牌数累计已达 12 枚。1998 年 2 月 9 日，戴利参加了在日本白马滑雪场举行的越野滑雪 30 公里传统式比赛。比赛时下着雪，气温只有 4 摄氏度。最终，他以 1 小时 40 分的成绩完赛，这一成绩与冠军相差 7 分钟以上，排在第 20 位。挪威冠军在奥运会上创下了自己的最差成绩，他出发后就发现滑行蜡不够，与对手差距越来越大，最终只得放弃了对奖牌的争夺。

但戴利从 2 月 12 日开始在越野滑雪赛场上屡创历史，10 公里传统式比赛进行时虽然气象条件很差，但戴利创造了惊人的奥运会纪录，获得了在本届冬奥会上的第一枚金牌。到达终点的戴利几乎等了 45 分钟，92 名选手中最后一位肯尼亚选手菲利普·布亚才滑完赛程。2 月 14 日，参赛选手按 10 公里比赛结果进入 15 公里自由式比赛。比赛时，气象条件发生了变化，气温为 3 摄氏度，天气多雨。在白马，所有人都期待戴利的胜利。但是，挪威选手托马斯·阿尔斯加德超过了他，就像 1994 年利勒哈默尔冬奥会越野滑雪 30 公里经典赛的结果一样，阿尔斯加德获得金牌，戴利获得银牌。越野滑雪男子 4×10 公里接力赛是戴利对老对手意大利人复仇的机会，上届冬奥会挪威队以 0.4 秒之差输给了意大利队，痛失金牌。长野冬奥会上，戴利是第三位接力赛选手，追回了落后的 12 秒差距，最终帮助挪威队夺得了金牌，戴利成为 7 冠王，成了真正的国民英雄。但是他的奖牌争夺战还没有结束。

在 2 月 22 日的最后一场比赛上，他进入了可谓"真正的雪地马拉松"，在 50 公里自由式比赛上，与奥地利选手克里斯蒂安·霍夫曼、瑞典选手纳克拉斯·约恩森等展开了激烈的竞争，经过一番较量，戴利领先了约恩森 8 秒，领先霍夫曼多达 51 秒获得金牌。到达终点时，他筋疲力尽地在雪地里躺了 10 分钟，他用了二十多分钟才恢复对自己身体的控制。他说："这是我一生中最艰难的一场比赛。"

在戴利的运动生涯中，他共获得 8 枚金牌、4 枚银牌、2 枚铜牌，创造了冬奥获奖新纪录。在这一华丽的奥林匹克获奖经历上，还要再加上他在前一个赛季夺得世界杯冠军的第五个水晶球，戴利是冬季体育史上最伟大的越野滑雪运动员之一。

在本届奥运会上，冰球比赛第一次向职业运动员开放，女子冰球也成为奥运会的正式比赛项目，捷克队获得冬奥史上第一枚女子冰球金牌。冰球在冬奥会的地位如同篮球之于夏奥会，而且由于两个项目高度的职业化、商业化，职业球员进入奥运会的过程也颇为相似。在萨马兰奇任国际奥委会主席期间，奥运会冰球比赛对职业球员敞开大门，冰球爱好者就像篮球迷一样欢天喜地。20 世纪 90 年代的夏奥会篮球赛最大的看点就是 NBA 球星的加入，乔丹带领的美国梦之队几乎无法复制。也许冰球迷会更加难以抑制兴奋，因为国家冰球联盟（NHL）的巨星们首次在奥运赛场上亮相，他们包括维恩·格雷茨基、斯蒂夫·艾泽曼、亚罗米尔·亚戈尔和谢尔盖·费多罗夫等，这意味着赛场上出现了加拿大、美国、俄罗斯、捷克、瑞典和芬兰六大"梦之队"。

在这些巨星中，人们最关注的莫过于 NHL 殿堂级人物维恩·格雷茨基，他在职业生涯中共拥有 61 项 NHL 纪录，总得分达到惊人的 2857 分。竞技上的成功并没有使他生出半点骄傲，他在场内时刻保持着模范形象：在对抗激烈的冰球比赛中，他从不缺少斗志，且保持冷静，从不向对手施加暴力犯规等违背体育精神的行为；在场外，他自律且负责，向年轻人传递积极的信息，如"拖延症是拖累我们成功和幸福的顽疾"，他总是留下对年轻人有益的名言警句。甚至史蒂夫·乔布斯也成了他的粉丝，在苹果产品发布时引用了格雷茨基的名言——"我要滑向球要去的方向，而不是它已经在的地方"，表达了放眼未来的宏远志向。

　　本届冬奥会共创造 7 项世界纪录、20 项奥运纪录，获金牌前三名的是德国、挪威、俄罗斯。第十八届长野冬奥会的闭幕式上，时任国际奥委会主席的萨马兰奇表示："这是冬奥会历史上的最高盛会。"有 160 个国家转播了比赛，大大超过 1992 年的 86 个和 1994 年的 120 个。冰雪项目吸引了众多南美洲国家的关注，包括阿根廷、巴拉圭、秘鲁、乌拉圭、哥斯达黎加、萨尔瓦多、危地马拉、洪都拉斯、尼加拉瓜和巴拿马在内的国家都第一次转播了冬奥会的比赛。此次，各国电视工作者累计有 1 万多小时的采访，全球 105 亿名观众观看了长野冬奥会。在长野冬奥会期间，共有 6.5 亿人访问了冬奥会官方网站，相较于亚特兰大奥运会时的 1.87 亿人有了翻倍的增长，预示着网络时代的到来。

充满活力地告别 20 世纪

　　20 世纪 90 年代的冬奥会在环保和商业化两条主线引导下持续发展，比赛规模也进一步扩大。1992 年，自由式滑雪加入冬奥会比赛项目。1998 年，单板滑雪第一次成为奥运会的比赛项目，同年，冰壶也重新成为奥运会正式比赛项目。原有的 11 个分项新增了 3 个，大大激发了冬奥会的活力。

　　自由式滑雪的历史可以追溯到 100 年前的挪威人和奥地利人，他们率先进行跳台滑雪比赛，并且开创了独特的向下坡滑行的滑雪风格。20 世纪初，用滑雪板翻跟头这种行为在挪威、意大利、奥地利被记录。在 20 世纪 20 年代初期，美国滑雪者开始翻转、旋转。滑雪装备持续发展，更高、更结实的雪鞋，还有叠层滑雪板的出现都使滑雪技术得到提升。在 20 世纪 50 年代和 60 年代，欧美滑雪运动员继续尝试滑行和跳跃的新方法。这些具有创造性的尝试标志着一种被称为"热狗"或"自由式"的新运动的出现。自由式滑雪表演出现在滑雪电影中，这激发了人们对这种类型的滑雪的兴趣。自由式滑雪专业赛道在 20 世纪 60 年代中期出现，在 20 世纪 70 年代兴盛，吸引了大量的人群和赞助商。自由式滑雪运动演变成三种独立的小项：雪上技巧、空中技巧和雪上芭蕾，国际雪联对那些赢得全部三项的运动员授予全能奖项。

　　1974 年，英国滑雪联合会向国际滑雪联合会提议，将自由式滑雪变成国际雪联的正式比赛项目。1975 年，加拿大职业自由式滑雪运动员和自由式业余选手的先锋人物约翰·斯通与国际滑雪联合会合作，致力于使自由式滑雪成为更具影响力的国际滑雪联合会项目，并最终成为奥运会比赛项目。到 1979 年，所有职业自由式滑雪运动员都得到参加奥运会的机会，这开创了自由式滑雪运动的新纪元。1980 年，国际滑雪联合会组织了自由式滑雪世界杯巡回赛。1986 年，国际奥委会主席萨马兰奇参加了在法国蒂涅举办的第一届国际滑雪联合会自由式滑雪世界锦标赛。由于对这项运动印象深刻，国际奥委会决定让三种独立项目都作为 1988 年加拿大卡尔加里冬奥会上的表演项目。随后，自由式滑雪吸引了一大群人，并获得了国际媒体的众多关注。随后，国际奥委会在 1992 年阿尔贝维尔奥运会上授予雪上技巧项目奖牌地位，在 1994 年的利勒哈默尔奥运会上授予了空中技巧项目奖牌地位。在 2010 年温哥华冬奥会上，障碍追逐加入奥运会比赛项目。在 2014 年索契冬奥会上，U 形场地技巧和坡面障碍技巧也成为奥运会比赛项目。

相对于已经出现许久的滑雪活动，更年轻、更时髦的单板滑雪运动到了 20 世纪 60 年代才出现，虽然那时候冲浪和滑板运动已经成为主流极限运动。冲浪的历史很古老，最早可追溯到夏威夷和其他波利尼西亚群岛，当地土著居民冲浪已有数百年的历史。20 世纪初，加利福尼亚的美国青少年们提出了用长木板冲浪的想法。到了 20 世纪 50 年代末，一些年轻人开始把轮子装在木板上，这样他们就可以在人行道上"冲浪"了。之后就有人提出了将冲浪与冬季运动相结合的想法（不难想象，有些孩子已经在他们的雪橇上尝试过了）——人们如果可以用滑板在海浪和人行道上滑行，为什么不能用滑板驾驭雪呢？但是，发明单板滑雪的并不是极具创意又热爱挑战的年轻人，而是一位父亲。在单板滑雪的历史上，舍曼·波潘是第一个销售单板滑雪的人。单板的发展始于他的发明，他在1965年冬将一双滑雪板连接到一起，供女儿玩耍，之后，波潘将他的这一发明命名为"雪板"（snurfer，取自单词"雪"snow和"冲浪"surf）。纽约商人杰克·波顿·卡彭特将"雪板"发展到新的阶段，1977年，他将雪板的销售范围转移到靠近斯特拉顿山南部的佛蒙特州地区。

单板滑雪在20世纪70年代受到欢迎，并迎来繁荣发展。这项运动开始进入传统的滑雪胜地，虽然起初受到很多高山滑雪运动者的抵制，但单板的流行不可阻挡，其作为一种新兴运动占据了滑雪运动杂志的封面。1981年，单板滑雪第一次获得官方认可的赛事在美国科罗拉多州莱德维尔举行。到了20世纪90年代初期，单板滑雪成为主流运动之一。滑雪板制造商的参与，提高了项目的地位，也建立起相关的市场。单板滑雪运动也给滑雪胜地带来额外的经济来源，这也成为该项运动被广泛接受的原因。单板滑雪成为从国际奥委会的竞争中受益的运动之一，美国娱乐与体育电视台于1995年创办了极限运动比赛（X-Games），作为展示冲浪、滑板和滑雪等"极限运动"的赛事。

作为回应，奥运会开始增加更多的极限运动以吸引那些痴迷于X-Games 的年轻观众。

1987 年，单板滑雪世界杯四站巡回赛首次开赛，其中，美国和欧洲各举办两站比赛。国际单板滑雪联合会（ISF）成立于1990 年，但国际奥林匹克委员会认可的该运动的官方理事机构是国际滑雪联合会，而不是国际单板滑雪联合会。直至 1994 年，国际滑雪联合会将单板滑雪纳入其管辖之下，这帮助该项运动进入冬季奥林匹克比赛之中。第一届国际滑雪联合会滑雪世界杯于1994 年 11 月在奥地利卡普伦举行。1996 年，国际滑雪联合会办了首届世界单板滑雪锦标赛。1998 年长野冬奥会上，单板滑雪正式成为比赛项目，下设男子、女子的大回转和 U 形池四个小项。最终，来自加拿大、法国、德国和瑞士的选手分别获得这四个小项的冠军，成为这个项目上最早的冬奥会金牌获得者。

早期的冰壶比赛在冰冻的湖面或池塘上进行，当天气条件允许时，一些国家仍在户外举办比赛。但是所有国家级、世界级冰壶比赛都是在室内冰场进行的，包括温度在内的所有冰上条件都是经过精心把控的。第一家得到体育历史学家认可的冰壶俱乐部成立于苏格兰。19 世纪，这项运动传播到全世界，在气候寒冷的地区尤其受到欢迎，如加拿大、美国、瑞典、瑞士、挪威和新西兰。一个显著的改变发生于 1982 年，世界冰壶协会宣布独立并成为管理世界冰壶运动的团体。皇家苏格兰人冰壶俱乐部被认为是冰壶运动的"母队"。1990 年，世界冰壶协会改名为世界冰壶联合会（WCF）。从1966年到1994年，皇家苏格兰人冰壶俱乐部的雇员担任世界冰壶联合会的行政管理工作，随着新章程的启用，世界冰壶联合会于1994年将其总部办公室和秘书处设立在苏格兰爱丁堡，2000年搬到苏格兰珀斯。

国际冰壶比赛早在19世纪便在欧洲和北美登场，1924年，作为表演项目进入法国夏蒙尼冬奥会，当时只进行了男子比赛，英国击败了瑞典、法国夺得冠军。国际奥林匹克委员会于2006年追认这一比赛为冰壶在冬奥会上的首秀，并补发了奖牌。在1932年普莱西德湖冬奥会上，冰壶再次作为表演项目出现在比赛中，加拿大击败了美国队夺冠。后来，冰壶作为表演项目又出现在1988年卡尔加里冬奥会和1992年阿尔贝维尔冬奥会中，分男子和女子比赛。

虽然作为表演赛多次在冬奥会亮相，但冰壶成为正式奥运比赛项目还是在1998年日本长野冬季奥运会。1992年，国际奥委会在西班牙巴塞罗那的会议上决定，最晚在2002年盐湖城冬奥会前增设男子和女子冰壶金牌。1993年瑞士洛桑会议期间，1998年长野冬奥会组委会同意增加冰壶项目。最终，男子和女子比赛各有八支队伍参加长野冬奥会。长野冬奥会女子冰壶比赛中，加拿大击败丹麦获得首枚女子冰壶金牌。到了2002年盐湖城冬奥会，参赛队伍继续增加。

自由式滑雪和单板滑雪都是由技术发展改造的装备器材发展而来，基于大众的喜爱建立的赛事，其发展过程高度职业化、商业化，同时因其观赏性极佳，牢牢抓住了青年人的眼球，滑雪爱好者在北欧滑雪和阿尔卑斯滑雪之外有了第三种选择。冰壶运动跨越一个世纪完成了协会、赛事的健全发展，缓慢但有条不紊，就像它本身是策略与智谋且又格外耗时的较量，它展示了冬季运动发展的另一个向度，与追求更高、更快的竞技体育无关，而是期待成为越来越多的大众在冬季可以选择参与的休闲体育形式。

第七章

差异:

冬季奥林匹克多元发展的新起点

奥林匹克运动 2010 议程

　　国际奥委会在 1999 年 6 月汉城会议上提出了《奥林匹克运动 2010 议程》(以下简称《议程》)，同年 10 月，在里约热内卢举办了第三届世界体育和环境大会。《议程》陈述了奥林匹克运动在环境保护和可持续发展方面的承诺。它为奥林匹克运动参与全球范围内的可持续发展制定了行动规划，并确定了不同成员在贯彻可持续发展行动中肩负的责任。环境理论与奥林匹克思想一样，是奥林匹克自我更新、与时俱进的体现，这一理论贯穿了 20 世纪 90 年代后续的奥林匹克运动。另外需要特别注意的是，《议程》强调环境理论在落实过程中必须尊重不同地区的社会、经济、地理、气候、文化和宗教信仰。这种差异性正反映了奥林匹克运动成员的多样性，这一点在千禧之际承上启下，为 21 世纪前 10 年的奥林匹克运动指引了方向。

　　20 世纪 90 年代，随着国际奥委会引入市场机制，举办城市通过奥运会开始获得经济上的收益。自从 1998 年日本长野举办冬奥会之后，商业化趋势日益明显，之后的盐湖城、都灵、温哥华都是具有一定规模的"大城市"。尤其随着20世纪80年代末，雪上项目与冰上项目赛区逐渐分离，冰上项目可以在室内冰场举办之后，自然转移至人口密集的城市赛区，雪上项目依然在城市周边地区的山区、小镇进行，逐渐形成了多功能、多元化发展的模式。

冬奥会项目数量大幅少于夏奥会，虽然在场馆及运营规划方面规模较小，但同样具有挑战性。特别是需要更多的人力和其他资源，在高海拔的寒冷天气下进行设计、建设、管理等工作，还需要场馆之间有完善的基础设施。冬季运动的山区行程需要更长时间，对于交通条件提出更多要求，如更高的公共交通运输能力。这就导致每个观众的交通成本提高，而且场馆容量相应减少。其余因素，如更短的白天时间、恶劣的天气、比赛推迟或重排等，也需要在场馆运营规划和设计中做出考量。因此，在科技助力之下，更合理的规划设计以及公共交通使得城市赛区优势尽显。城市赛区可以集中发挥区域经济、文化中心地的作用，承担开闭幕式、冰上项目以及文化活动，不仅发挥城市的诸多优势资源顺利完成赛事和体育展示，同时成为国际交往、文化交流的枢纽。

然而，随着转播和赞助收益增加，冬奥会开始转入大城市举办，隐含着对于经济增长的需求，而商业化的进程逐渐暴露功利主义的弊端。2002年冬奥会申办时，多达8个城市提出申请，美国的盐湖城最终击败瑞典、加拿大和瑞士等申办城市得到主办权。但随即爆出贿选丑闻，盐湖城奥中委通过贿赂委员获得支持，包括为国际奥委会官员及其家属牟取私利。这一丑闻导致奥林匹克形象受损，多名国际奥委会官员宣布辞职或被解职，组委会主席因行贿丑闻下台。所以，到了1999年初，组委会的财务赤字高达3.79亿美元，米特·罗姆尼临危受命担任组委会主席，他作为摩门教教徒的后人，运筹帷幄，扭转不利局面，使得冬奥会如期举办。

重燃心中的圣火

在2002年盐湖城冬奥会的开幕式上，曾在1980年冬奥会上因获得男子冰球比赛金牌而被誉为"冰上奇迹"的美国男子冰球队举着奥运五环旗进入场内。伴随一名警察领唱美国国歌，一面在"9·11"事件世贸中心倒塌的废墟中找出来的破损的国旗，在消防队员的护送下进入场内。参与开幕式的人员还有警察、消防队员和军人。鉴于奥林匹克一直远离政治，无论是国际奥委会还是举办国，都鲜少让作为政治齿轮运作的国家机器登上奥林匹克的舞台。当然，在冬奥会的历史上，军队总是扮演着吃苦耐劳救急的角色。[1] 在盐湖城冬奥会的开幕式上，

---

① 在因斯布鲁克、卡尔加里和长野冬奥会中，举办国都曾为了应对特殊天气、缺雪等状况调动军队参与办赛。

可以看到军人、警察、消防队员，甚至还有一段远在阿富汗美军基地的画面。

仪式围绕"重燃心中的圣火"展开，其中有一个表演环节是一个小男孩儿保护着火种，穿越冰雪和寒风，最后点燃了圣火。这里主要反映的是犹他州的宗教历史背景。1847年，摩门教第二任会长杨百翰为躲避宗教迫害，率万余名教徒向西长途迁徙，迁徙途中很多人死于严寒，直至大盐湖的无人旷野，他们在此开荒定居，建立起内陆第三大城市，现为犹他州的首府盐湖城。

大盐湖夹在山岭和沙漠之间，为更新世冰河时期大盆地内的残迹湖，湖盆累积了约60亿吨的盐。雪和盐是来自天地的白色结晶，它们的相遇充满天然的浪漫。"盐那雪白的颜色常使人联想到雪。盐与雪正如雷与电，它们的美是裹挟在一起呈现的。"① 盐湖城不只有自然造物的奇景，还有丰富的资源。冬奥会的吉祥物是美洲黑熊Powder、草原狼Coal和雪兔Copper，它们的名字分别代表犹他州的煤矿、铜矿和冰雪资源。所以说，盐湖城丰富的自然资源体现了这座城市是美国早期殖民者西部开拓的产物，现在这里有迎纳全世界教徒的圣殿，也有宗教教育机构，以及众多高科技企业。

盐湖城有超长的雪期，对于虔诚的圣徒、滑雪及户外活动

---

① 迟子建：《北方的盐》。

爱好者来说，这里是忘却烦嚣、拥抱自由的天堂。距离盐湖城以东大约30英里的小镇帕克城（Park City）海拔2100米，素有"世界上最好的雪"之称，在这里诞生了本届冬奥会最具历史意义的金牌——吉姆·谢亚（Jim Shea）以0.05秒的优势夺取钢架雪车男子金牌。

钢架雪车从这届比赛开始再次成为正式项目，是15个冬奥会竞赛分项中最后一个回归的。这项运动属于雪车大项，运动员起跑时，爆发力给予决定性的推动力，这可以使运动员节省确保成功所需的百分之一秒。俯身在金属橇体上以超过120千米/小时的速度驶下赛道，这需要超出常人的勇气。而且找到最佳下降线并快速地拐弯，运动员必须拥有精湛的技术才能实现。

钢架雪车于18世纪末在瑞士的圣莫里茨诞生，但整个20世纪也没有走出这个小镇。1928年圣莫里茨，钢架雪车第一次出现在冬奥会的赛场上，美国人詹尼森·希顿夺得这个项目的冠军，然后在很长一段时间内，钢架雪车再也没有出现在冬奥会的赛场上。第二次出现是在1948年的圣莫里茨冬奥会上，获得冠军的是意大利人尼诺·比比亚。直到2002年盐湖城冬奥会，钢架雪车才第三次出现在冬奥赛场上。由于项目的成熟度和安全性得到了广泛的认同，盐湖城直接增加了女子钢架雪车的比赛，冠军是美国的特里斯坦·加尔。

男子冠军谢亚一家堪称奥运世家，祖父曾代表国家宣誓奥林匹克誓言，并在 1932 年普莱西德湖冬奥会上获得速滑两项的金牌，父亲在 1964 年因斯布鲁克冬奥会上参加了北欧越野滑雪比赛。他们是第一个三代人参加冬季奥运会的美国家庭，吉姆延续着家族奥林匹克冠军的传统：不断地扎实训练、毅力、决心、追求卓越和友善。这些家庭价值观也使他克服了障碍，并建立了自信心。吉姆曾在两人制和四人制雪车比赛中表现出色。1995 年，他改项练习钢架雪车，赢得了包括 1999 年雪车世界锦标赛在内的许多比赛，这一转项非常适合他。

在盐湖城冬奥会上，他是火炬手之一，就像他祖父 70 年前一样，他代表运动员宣誓。2002 年 2 月 22 日，在决赛恶劣的天气条件下，他开局不佳，前两轮比赛的所有优势很快就消失了。到一半时，他落后领先者 0.01 秒。然而奇迹出现在后半程，弯道给了吉姆额外的加速度，他最终用时 1 分 41 秒 96，仅以 0.05 秒的微弱优势赢得了胜利。

在开始比赛之前，吉姆已将他祖父的照片放入头盔中，祖父在奥运会开幕前去世。在祖父的精神陪伴下，那天他成了奥运会冠军，足以告慰祖父在天之灵。冬奥会后，吉姆和他的家人创建了一个基金会以发展和赞助年轻人练习跳台滑雪、滑冰和钢架雪车运动等项目，相对于冰球和高山滑雪，这些项目在美国属于冷门小众项目，更需要通过大量资助吸纳优秀人才。这是一个理想的举措，基金会标志使用三个"J"代表杰克、詹姆斯和吉姆·谢亚所体现的奥林匹克精神和家庭精神，它可以在年轻一代的价值观中继续表达和延续。

在帕克城，德国的雪橇运动员格奥尔格·哈克尔成为第一位连续五届奥运会上都夺得奖牌的选手，他从1988年开始参赛，一直坚持到了2006年。1992年至1998年三届冬奥会，他夺得了三连冠。在2002年盐湖城冬奥会时，他虽然没有拿到金牌，但是仍一直坚持到2006年都灵冬奥会，此时他已经40岁"高龄"了，在这样的年纪依然参加比赛，令人尊重。

21世纪以来最著名的冬季两项明星比约恩达伦登场了。他在冬季两项比赛的四个单项中拿到了金牌，包括20公里、10公里、12.5公里的追逐赛。后来，他又帮助挪威队夺得了4×7.5公里接力项目的冠军。他凭借在冬季两项这个项目上的绝对实力，获得了"食人族"的外号，而这一届只是他传奇生涯的开始。

金牌大户还包括娅妮卡·科斯泰里奇，她在高山滑雪比赛中摘取了3金1银，这位克罗地亚运动员奥运会前克服膝伤，成为在一届冬奥会中获得4枚滑雪奖牌的第一人。芬兰人桑帕·拉尤宁在北欧两项7.5公里、15公里和团体项目中横扫3金。

冬奥会的多元文化还体现在更多国家、民族的参与上。在女子雪车比赛之中，沃内塔·弗劳尔斯成为第一位夺得奥运会金牌的黑人运动员，创造了历史。另一位是加拿大的冰球运动员亚罗姆·伊金拉，他成了第一位夺得奥运会金牌的男子黑人运动员。从 1984 年最早的维京群岛的黑人运动员参赛，到现在更多的不同肤色、不同民族的运动员加入冬奥会的比赛之中。以美国为例，到了下一届都灵冬奥会的时候，代表团 211 人中有 23 人为少数族裔。少数族裔是在美国存在的社会群体，有一些移民的后裔取得了美国国籍。在美国的少数族裔包括非洲裔、犹太裔、拉丁裔和亚裔，1998 年，花滑亚军关颖珊就是美籍华裔的杰出代表。

德国蝉联金牌榜第一位，挪威以 1 金之差屈居第二位，东道主美国队则获得第三位。中国此次实现了金牌零的突破，在短道速滑女子 500 米中，杨扬夺得首金，之后，在女子 1000 米比赛中再夺金牌。进入 21 世纪的中国有了冰雪竞技的优势项目，优秀的运动员不同于前代，不再是一个人战斗。当时速滑队还有同样高水平的王春露、小杨洋、孙丹丹等世界冠军，所以，中国短道速滑整体水平的提升使获得金牌水到渠成。尤其在短道速滑这一同时出发的项目上，拥有多位高水平运动员就意味着战术的丰富性，大大提高了夺冠的概率。杨扬被国人亲切地称为"大杨扬"，在国际赛场，姓名标注为"Yang Yang（A）"。首次有运动员登上冬奥会最高领奖台的中国队最终以 2 金 2 银 4 铜位列奖牌榜第十三，力压韩国，排名亚洲第一，这届冬奥会奏响了 21 世纪我国冰雪运动快速发展的序章。

今夜无人入眠

都灵是皮埃蒙特大区和都灵省的首府、意大利第四大城市，驰名世界的菲亚特汽车集团和意甲联赛冠军尤文图斯俱乐部是这座城市的名片。2006年对于意大利体育来说是具有标志性的一年，都灵则是这个国家的"主角"，这一年年初，都灵举办了冬奥会。而在同年夏天举办的2006年德国世界杯上，意大利获得冠军，要知道，在最后的决赛上，对阵双方意大利和法国共有8人出自都灵的意甲豪门尤文图斯。世界杯之后，由于"电话门"事件①，尤文图斯惨遭降级厄运，这对于意大利和整个欧洲足坛，乃至体育界，都是一次巨大的震动。

冬奥会的举办对于都灵的意义主要体现在奥运遗产惠及市民方面。进入21世纪，这座老城的道路、轨道交通、水渠、下水道和停车空间都显得陈旧不堪。借助于冬奥会的举办，市政建设来了一次整体翻修，市民期待了几十年的地铁最终于2006年建成通车。

奥林匹克室内冰球馆聘请了日本建筑师矶崎新，充分体现了设计的未来主义，这座风格迥异的地标建筑改变了古老的城市，营造了焕然一新的氛围，为人们提供了另一种感知城市的

---

① "电话门"事件是指以意甲球队尤文图斯为首，意甲个别球队控制裁判的选定来打假球事件，由于球队的电话被录音成为证据曝光，被大肆报道，故称"电话门"事件。

方式。都灵冬奥会建造的场馆大多在会后成功地进行了改建，举办冰球决赛的奥林匹克冰球馆是意大利最宽敞的室内体育馆，赛后用于大型赛事和演出，曾接待过 U2 乐队、麦当娜等世界顶级音乐艺人。后续的赛事和音乐会等大型活动给城市带来了活力，城市的酒店住宿及其他旅游资源也得到了较好的发展，都灵作为传统的工业城市晋升为意大利第五大旅游目的地绝非易事。

众所周知，亚平宁半岛上的文明古国是由多个城邦国家统一建立而成，所以地域主义、狭隘主义一直存在。对于很多意大利人来说，冬季奥运会最大的遗产不是场馆而是一种精神。当地组委会官员如实表达，"在意大利，我们以狭隘闻名，皮埃蒙特（都灵为首府的大区）也不例外。在 2006 年之前，即使在我们的小村庄之间，也存在巨大的竞争。多亏了都灵，我们学会了团队合作。奥运会把我们的欲望和需求结合起来，来自区域内部的政治分歧也被克服了，虽然仍有斗争，但抹平了过去的仇恨"。这是一份持久且重要的遗产。曾经松散、隔离的城镇联合起来争取国家及欧盟的政策和资金，这种共生关系放在以前是不可想象的。

2006 年的都灵奥运会演绎了成功的故事，包括 2022 北京冬奥组委等在内的众多代表团都前来向这座城市学习办赛经验。这座工业城市摆脱了灰色的过去，迎来了五彩缤纷的新生。

本届赛事明星德国运动员费舍尔在三届奥运会的冬季两项

项目上获得了 5 枚奖牌，其中包括 1994 年和 1998 年的团队金牌。在都灵，他凭借 2 枚金牌获得了最大的成功。费舍尔在两项比赛中脱颖而出：在 10 公里冲刺赛战胜不可一世的比约恩达伦，4×7.5 公里接力赛又拿下 1 金。他的标志性特点是：不戴手套，也不戴帽子。要知道，冬季项目里不戴手套的大概只有花样滑冰了。他一直保持着这样的形象，因为出生于一个伐木工家庭，童年时期也曾在冬天伐木劳作，这种习惯贯穿了他的整个职业生涯。

加拿大运动员钱德拉·克劳福德在许多运动项目中都曾表现出色——跑步、游泳、骑山地自行车和冬季两项运动，最终，她仍以充满活力的身体状态参加了冬奥会越野滑雪的比赛。虽然她仅以 0.7 秒的微弱优势战胜对手获得冠军，但这枚金牌足以为她的第一届奥运会画上一个圆满的句号。她更大的成就是在赛场之外，赛后，她创立了"速度与女性"公益组织，让更多女性通过体育找到自我，实现自我价值。

从 1994 年起，拉塞尔斯·布朗成为牙买加雪车队的一员，最好名次为第 28 名。在加拿大的卡尔加里接受培训，在那里，他遇到了一位当地妇女并与之结婚。2005 年，他获得了加拿大国籍，并在 2006 年奥运会上代表自己的新国家参赛，在都灵获得双人雪车的银牌。

如果要评出都灵冬奥会的赛会之星，答案恐怕很难统一，这是一届没有个人金牌大户的冬奥会。亚洲三国均有突破，短道速滑上，韩国的安贤洙和陈善有、日本的荒川静香、中国的韩晓鹏都为各自国家摘得金牌。其中，韩晓鹏在自由式滑雪空中技巧项目上夺冠，这是中国运动员在冬奥会雪上项目中获得的第一枚金牌，也是至今中国军团在冬奥会雪上项目的唯一收获，更是亚洲人在冬奥会自由式滑雪项目上的首枚男子金牌，这是划时代的纪录，这一突破让中国看到改变"冰强雪弱"局面的可能性，启发了中国人要扬长避短地发挥自身的身体特质和技术特点，自由式滑雪空中技巧也成为中国新增的一个优势项目，开辟了除短道速滑外另一个具备实力的夺金点。中国金牌数与上届持平，11 枚奖牌创造了历史。王濛获短道速滑女子 500 米金牌，张丹、张昊组合获双人滑银牌，中国冰雪的年轻人为自己的黄金时代演出了前奏。四朝元老李佳军以速滑铜牌告别赛场，人来人往，送走峥嵘岁月。

2006 年都灵冬奥会闭幕式的最后一个环节是帕瓦罗蒂演唱普契尼歌剧《图兰朵》中咏叹调《今夜无人入睡》，这也是一代歌王生前最后一次表演。当时他已经罹患癌症，身体状况不足以支撑舞台演出，所以，现场听到的是提前录制的音轨。然而，这是史上最震撼的假唱，在数万名观众的注视中，在即将熄灭的奥运圣火下，帕瓦罗蒂用尽全力演绎了生命绝唱，含着泪光的双眼望向永恒。

消失吧，黑夜！星星沉落下去，

星星沉落下去！黎明时我将获胜！

我将获胜！我将获胜！

黄金时代

2010年，温哥华冬奥会组委会通过切实的工作来推进筹办，力图向全世界展现加拿大独特的人文、历史、文化。设计师们为了制作吉祥物，从当地居民的传说和传统中获得了灵感。3个吉祥物看上去似曾相识却都不是真实存在的动物，而是挖掘加拿大不列颠哥伦比亚省原住民的传说，在一些动物原型的基础上加以设计和创造。设计团队中还有一位华裔设计师黄慧琪，她在采访中透露设计灵感。

米加的灵感来自一只会滑雪的北极熊，魁特奇是一个留着棕色胡须、戴着蓝色耳罩的北美野人，这一形象突出了加拿大广阔荒原的神秘故事。苏米是一位长着雷鸟翅膀、会飞翔的动物守护神，它是一个"天生的领袖，对保护环境充满热情"。

本届奥运会有两个赛区——温哥华和惠斯勒，温哥华是加拿大西部最大的海滨城市，而惠斯勒小镇距离温哥华125公里，有山地、森林，冬奥会滑雪和滑行类项目的场馆都位于惠斯勒地区。沿海的温哥华带领山地惠斯勒举办冬奥会，从而引申出"从海洋到天空"的广阔愿景。

2010年温哥华冬奥会，中国代表团在所参加的10个项目中取得了5金2银4铜的成绩，虽然和都灵冬奥会一样，都获得了11枚奖牌，但是含金量大幅提升，而且在金牌榜上位居第七，首次在冬奥会上进入前八，实现了历史性突破，特别是在花样滑冰双人滑和女子短道速滑两个项目上，分别终结了俄罗斯和韩国的统治时代，女子冰壶等项目也创造了历史。

温哥华冬奥会诞生了两位"三冠王"，中国短道速滑运动员王濛夺得女子500米、1000米和接力3枚金牌，成为中国历史上夺得冬奥会金牌最多的运动员，另一位则是挪威越野滑雪名将比约根。

仅仅经历两届冬奥会，王濛就成了短道速滑新的王者，6枚奥运奖牌使她成为获得该项目奖牌最多的运动员，同时也是中国获得冬季奥运会奖牌最多的运动员。她在2010年温哥华冬奥会结束后几周庆祝了自己25岁的生日，按照运动员普遍的身体状态，王濛的巅峰时期还可以再持续几年。2003年，这位年轻的中国运动员在短道速滑世界锦标赛上首次亮相在国家队接力赛中。都灵冬奥会上，她获得了速度滑冰500米金牌、1000米银牌、1500米铜牌，她唯一的失望来自接力赛的结果，排名第三的中国选手被取消比赛资格，因为王濛在阻挡加拿大选手时犯规。之后，王濛继续巩固她在短道速滑中的统治地位，在 2008 年和 2009 年的世锦赛上，她获得了 8 个冠军，下面要做的，就是在 2010 年冬奥会上守卫这一霸主地位。

在温哥华，她首先在速滑 500 米项目中独占鳌头，这是她最喜欢且擅长的项目，也是她保持世界纪录的项目。尽管观众激起了两名加拿大本土选手的斗志，但她还是在太平洋体育馆的冰面上创造了新的奥运纪录。王濛在速滑 1000 米项目上的威胁来自中国队内部，她不得不面对自己的同胞——年仅 19 岁的世界纪录保持者周洋。年轻的周洋早早在半决赛中就打破了奥运会纪录，却在决赛中出现失误。这样，她就把自己的优势项目拱手相让，王濛获得了第二枚金牌。王濛以为自己有机会在速滑 1500 米比赛中再次登上领奖台，但在半决赛中，她因为犯规而被取消比赛资格，可见短道速滑偶然性因素总是存在，好在周洋弥补了遗憾，没有让金牌旁落。接力比赛上，中国队的强势地位无可撼动，由两位当红明星王濛、周洋与张会、孙琳琳组成的中国队，在半决赛中打破了奥运会纪录。在最后一场比赛中，她们没有给对手任何机会，以近 3 秒的优势获胜，世界纪录和奥运会纪录再次被打破。当姑娘们摆出超人的标志性动作登上领奖台时，无论是观众还是对手都报以热烈的掌声。王濛凭借她的 3 枚金牌，毫无疑问地可以加冕为这届奥运会的女王。女王退役后继续在国家队执教，她的狠劲儿一刻也没有放松，无论是对自己还是对队员。她说："体无完肤地折磨他们，每一天都让他们感觉挑战到了自己的极限。"这样的短道速滑队无疑是中国冬奥夺金最值得仰仗的团队。

中国队另一项目的突破在花样滑冰双人滑比赛项目上，打破了苏联及俄罗斯连续 12 届冬奥会的垄断。花滑教父姚滨培养出三对顶级选手，决赛中庞清、佟健已经为中国锁定金牌时，最后出场的申雪、赵宏博需要做的就是享受比赛。伴随 G 小调柔板，申雪、赵宏博这对牵手近 20 年的冰上情侣轻舞漫步，让观众看得如痴如醉。这是他们参加的第四届冬奥会，肯定也是最后一届。时隔两年的复出，意味着这对高龄组合要付出更多的汗水，尤其是赵宏博已经 37 岁了，滑行、托举、抛跳，曾经轻松的技术动作如今需要做数十遍才能合格，但为了奥运梦想，他们决定搏最后一次。最终，申雪、赵宏博以创纪录的 216.57 分赢得了奥运金牌，用最完美的方式演绎了职业生涯的绝唱。

大赛的高潮之一是女子花样滑冰的决赛，尤其是永远的竞争对手韩国的金妍儿和日本的浅田真央的对决，两人的对决不仅是现场观众关注的焦点，更吸引了全世界花滑粉丝的热烈关注。浅田真央首先出场，展现了出色的演技。但她的表演在随后出场的金妍儿面前显得有点黯然失色。金妍儿在短节目中变身 007 邦德女郎，展现出轻快、充满活力的表演。在接下来的自由滑节目中，她配合格什温的《F大调钢琴协奏曲》，进行了近乎完美的表演。金妍儿以288.56分的成绩打破世界纪录，摘得金牌。评委对她的表演不吝赞美之词："这是艺术与体育的完美结合。"

莎士比亚的《亨利四世》中有一句名言："欲戴皇冠，必承其重。"美国高山滑雪项目上的金童玉女博德·米勒和林赛·沃恩便是这句话的代言人。

经过14年漫长的奥运金牌等待，美国选手博德·米勒在温哥华冬奥会高山滑雪男子全能比赛中夺得金牌。高山滑雪超级两项全能包括速降和小回转两个项目，参赛选手两次比赛的成绩相加为最后的总成绩。米勒的夺冠成绩是2分44秒92。银牌被克罗地亚选手伊·克斯特里奇夺得，成绩是2分45秒25。瑞士选手西·祖尔布里根获得第三名，成绩是2分45秒32。

米勒于1996年18岁时首次亮相世界杯，两年后，他首次出现在长野冬奥会上。他在2002年盐湖城冬奥会上获得大回转银牌。他年少成名，在世界大赛上屡有斩获，人们期待一枚奥运金牌为其王位加冕。热捧之下，米勒把自己逼向绝路。都灵冬奥会前，他号称要豪取高山滑雪多枚金牌，却一无所获，成为媒体嘲笑的对象。从2009年开始，随着年龄增长、成绩下滑，人们已对他不再抱有期待。作为一个世界冠军，米勒在自己的滑雪生涯末期充分运用现代的科学训练方法，使自己在过了身体机能巅峰之后的成绩不断提高，最终，在温哥华取得超级大回转银牌和全能金牌。

2010 年温哥华冬奥会高山速降的冠军林赛·沃恩两岁时就开始滑雪，1999 年，她成为第一位在意大利的托波利诺大奖赛中赢得冠军的美国人。这是一项在年轻滑雪者之间享有盛誉的赛事，在这项赛事上赢得冠军也足以证明她进步速度之快。2000 年，16 岁的她首次参加世界杯比赛，随后参加了 2002 年盐湖城冬奥会，在综合项目中获得第六名的最好成绩。她于 2004 年 12 月第一次登上世界杯的领奖台。沃恩在 2006 年都灵冬奥会的速降比赛中表现出色，尽管前一天在训练中受伤而最终只获得第八名，但她的勇敢表现赢得了美国奥林匹克精神奖。尽管在 2010 年温哥华冬奥会上遭受了严重的擦伤，但她仍渴望巩固自己作为美国滑雪偶像的地位。在 2010 年温哥华冬奥会上，她成为美国历史上第一位女子速降奥运冠军，并在 2011 年获得了劳伦斯世界体育奖最佳女运动员奖。她创造了多项女子比赛的新纪录，其中包括 82 场无与伦比的世界杯胜利，以及无法逾越的纪录，其中包括 18 场同场地比赛的胜利（路易斯湖），20 个水晶球奖项和 43 场高山滑雪比赛的胜利。

作为体育偶像，媒体关注更多的是沃恩的性感外表和八卦新闻，反倒是忽略了沃恩对于滑雪运动的真实热爱。在漫长的职业生涯中，她时常对抗伤病且从未放弃过对滑雪运动的热爱。

最终，沃恩一直坚持到 2019 年 2 月 10 日才结束她的体育生涯。在瑞典阿雷参加了她的第八次世界锦标赛，在速降比赛中获得了铜牌。2019 年劳伦斯世界体育奖体育精神奖是对她职业生涯的最高褒奖，在她参加最高水平比赛的 15 年里，她成为高山滑雪历史上最伟大的运动员之一。

加拿大自由式滑雪运动员亚历山大·比洛多在 2010 年温哥华冬奥会上赢得金牌，成为民族英雄。在获得资格赛第二名后，比洛多在决赛中获得金牌，他的两跳结合了高度、风格分和最快成绩。令人惊讶的是，这是加拿大人第一次在本土举办的奥运会上获得金牌，他的同胞随即陷入狂欢般的庆祝，大约 22000 人观看了比洛多的颁奖仪式。比洛多看上去就是个乐观开朗的小男孩，成为加拿大冬奥英雄的比洛多把他的哥哥弗雷德里克视为自己心中的英雄。弗雷德里克尽管在很小的时候就被诊断为脑瘫，医生认为他到 12 岁就不能走路，但他扼住命运的咽喉，通过持久的锻炼，在 29 岁时仍然可以行走甚至滑雪。2014 年，比洛多带着哥哥来到索契赛场，在他成功卫冕后，把金牌挂在了哥哥脖子上，因为正是哥哥坚持不懈对抗病魔的精神影响了他，帮助他获得了这枚宝贵的金牌，这份兄弟情深令人感动。

东道主所获得的金牌中，含金量最高的是击败美国获得的男子冰球冠军。在距离比赛闭幕式还有几个小时的时候，在加拿大冰球广场举行了加拿大和美国的男子冰球决赛。加拿大的泰布兹和佩里率先打进了两粒入球，但在第二局结束前23秒时，美国的凯斯勒扳回了一球。到比赛结束前24秒，美国的帕里泽又进了扳平比分的一球。比赛进入加时赛，这时，加拿大头号明星、继承"冰球大帝"格雷茨基衣钵的西德尼·克罗兹比站了出来。作为顶级明星，虽然他在NHL历史上无法与前辈格雷茨基相提并论，但他在国家队的比赛中得到了圆满的结果。依靠他在奥运会决赛中打进决胜球，加拿大以3比2战胜美国，获得冠军。这样一来，包括女子冰球、冰壶等8枚金牌在内，加拿大共获得14枚奥运金牌。上届冬奥会金牌榜第五位的加拿大代表团以14金7银5铜荣登这届榜首；冬季运动传统强国德国、美国和挪威排在第二至第四位，成为领跑的第一集团。

奥运会的后续影响为温哥华这座城市带来了新的机遇。自2010年温哥华冬奥运动会以来，当地对冬季运动的兴趣，如冰壶，已经显著上升，这意味着新设施得到了充分利用。温哥华冰壶俱乐部最近庆祝其希尔克雷斯特中心开业，该中心包括图书馆、健身中心、健身房、冰球场以及室内室外游泳池。希尔克雷斯特中心是2010年温哥华冬奥会的冰壶比赛场地，但是在赛前修建时就已经考虑到了其在奥运会后的遗产价值。如今，希尔克雷斯特中心作为一个社区中心和溜冰场，仍在不断地发挥着自己的价值。

温哥华奥运会遗产报告显示，2010年冬奥会和冬残奥会在吸引新企业、创造就业机会方面发挥了关键作用，并鼓励游客增加消费。温哥华冬奥会促进了加拿大各地的体育和文化发展，提高了土著群体、少数群体、残疾人群体的参与度，为当地经济注入了数百万美元的活力，并且在促进地方经济以及环保方面取得了更大进展。这届冬奥会显著提高了国家的自豪感，成为加拿大发展历程中的一个转折点。

21 世纪，人类文明中的融合、碰撞持续进行，围绕宗教、政治、经济的国际角逐从未停歇，战争和灾难的阴云从未散去，极端主义、"冷战" 2.0、地缘政治……"历史的回归"似乎不可避免，相似的故事和相同的情节在人类文明的历史舞台上反复上演。所谓"历史，是刻在时间记忆上的一首回旋诗"。奥林匹克却像是万千事物中的一股清流，奔流不止，汇聚江河湖海，展现着各个国家、民族最先进的文化。奥林匹克不是一个人的超越，而是人类文明生生不息最好的见证。

这个阶段的三届冬奥会将 21 世纪的发展趋势体现得淋漓尽致，尽管这一发展趋势有时又复杂又大胆又不确定。事实上，体育不仅在历史进程中扮演着积极的角色，更在公民意识的塑造中发挥着重要作用。人类可以通过奥林匹克测试自己的行为模式，确定我们作为全球公民是否能够缩小人类之间的距离并建立起共同生存的希望。经历过奥林匹克洗礼的主办国市民学会了从全球的角度来看待世界和这个国家的问题，而每个人都在融入社会，成为许多不同民族之间动态关系的永久范例。在一个多元文化的世界里，所有人都需要团结在一起。

第八章

改革:

冬季奥林匹克走向可持续发展的未来

由于盐湖城出现了贿选丑闻，为了避免奥林匹克运动公信力的损失，国际奥委会开始着手进行改革，申办流程变得更加规范，对申办材料的审核异常严格，2005年到2007年，新一届冬奥会的申办工作可谓逐步推进，谨小慎微。2005年5月，国际奥委会开始对第22届冬季奥林匹克主办国接收申办申请，并要求各国家奥委会必须对国内准备申办的城市严格把关并提供支援，各国须在申请文件上签字并提交申请保证金15万美元。缴纳的申请费用用于组成一个评价执行的团队，不仅包括国际奥委会内部的专家，还包括许多其他领域的外部专家。

2006年启动执行委员会申请接收环节，通过会议确定三座城市：俄罗斯索契、奥地利萨尔斯堡、韩国平昌成为候选城市。同时成立国际奥委会评议委员会，有13名专业人士参与，委员会主席由科尔蒂纳丹佩佐冬奥会上获得回转亚军的猪谷千春担任。

2007年1月，在都灵冬奥会结束之后的总结大会上公布了2014年三个候选城市提交申请的材料，并且要提交50万美元的评审费用。2007 年 2 月 14 日至 3 月 14 日，国际奥委会的评议委员会先后对平昌、索契、萨尔斯堡进行了实地访问调研。2007 年 7 月 4 日，在国际奥委会第 119 次全会上，三个候选国家代表团进行 45 分钟的发言，最后进行不记名投票。在最终轮次，索契以 51 比 47 的分数险胜平昌，获得了 2014 年冬奥会的举办权。

坚守与归来

当一个人回首往事时，不因虚度年华而悔恨，也不因碌碌无为而羞愧；这样，在他临死的时候，他能够说，我把整个生命和全部精力都献给了人生最宝贵的事业——为人类的解放而奋斗。

——奥斯特洛夫斯基，《钢铁是怎样炼成的》

最宝贵的、只有一次的人生应该如何度过？如此直击灵魂的问题来自影响中国几代人的《钢铁是怎样炼成的》，这部小说的诞生地即是俄罗斯"红色疗养地"索契，奥斯特洛夫斯基在此地休养期间写出了励志故事，当年的烫金俄文书、老旧打字机陈列在奥氏故居，引人怀想当年。这个时代的关键人物依然像主人公保尔·柯察金一样，为了理想"虽千万人吾往矣"，

2014 年的索契冬奥会见证了 群奥林匹克人的坚守或归来。为扭转国运而奔走的领袖、一腔热血报效故国的名宿、国际体育的游牧民……他们赌上一生的运气，将一生中最重要的抉择交给了索契。

2004 年 3 月，普京得到 71% 的选票成功连任俄罗斯联邦总统，他把索契冬奥会视为"重大的工程"。西方媒体对于在欧美主流国家之外举办的大型体育赛事永远都抱有偏见，惯用伎俩是报道筹办过程滞后、基础条件不足等。随着筹办工作逐渐展开，西方媒体则又揶揄俄罗斯办的是"最贵的奥运会"，外界称为"500 亿冬奥会"。筹备历时 7 年，耗资 70 亿美元新建 11 座赛事场馆，包括高山滑雪在内的山区冰雪运动场馆也是从无到有，而基础设施建设更是让联邦政府投入将近 400 亿美元。

2013 年，俄罗斯出台《反同性恋法案》，遭到少数运动员和政客的抵制，这件事被西方媒体不断放大，他们因忌惮俄罗斯复兴的势力而借此大做文章，频频发声。对此，普京冷静地回应，西方媒体对俄罗斯的指责实际上与体育无关，他们这一行为的背后是国际政治舞台上的竞争，有些人会认为俄罗斯的强大是一种威胁，但实际上，俄罗斯的工作是通过冬奥会来消除这种误解。

奥运会不只打开了俄罗斯的大门，同时也打开了俄罗斯的

灵魂，打开了俄罗斯人民的灵魂，让人们看到并了解没有什么
可畏惧的，我们愿意合作，我们对合作是开放的。

——普京

　　索契第三次冲击冬奥会申办，最终成功，这得益于普京的
鼎力支持。2007 年 2 月，国际奥委会进行申办城市评估，普京
亲自全程陪同评估团，并做出联邦政府资金支持和推动民众参
与的承诺。本身热爱冬季运动的普京，在索契视察时，同梅德
韦杰夫一起滑雪，还时不时发挥他的"冰球外交"，可谓亲力
亲为参与了各个方面的筹备工作。他坚守的是对国家的责任，
最终借助冬奥会的契机不只重建了一个索契，更是重建了俄罗
斯的形象，为人民提升了国家和民族的自信心。

　　索契冬奥会的比赛在两个主要赛区进行。举行冰上比赛、
开闭幕式和奖牌授予仪式的阿德勒地区距离索契市中心只有 25
公里。另外，靠近海边的克拉斯纳科尔纳山区承办了雪上项目
比赛，离市中心也只有 50 公里。索契赛场规划的特点是密集
性和便利性，大约 75% 的运动员从奥运村到练习场地或赛场只
需 5 分钟，其余 25% 的选手也用不了 18 分钟。

　　索契市政府还考虑了为市民观赛提供便利，重新规划了市
政交通，建设了外观如艺术作品般的桥梁和隧道等，确保了市
内交通的通达；新建了铁路、3 条高速公路和 8 条延长路，使
国际机场与多个赛区之间形成复合型干线公路，一些老旧的国

道被修缮成双向四车道。

索契冬奥会大量的经费支出还体现在安保方面，超过10万名警察、安保人员、军人入驻索契，安防用的摄像机、无人机和感应装置遍布奥运村、赛场、观众区等地方。这些庞大的支出由俄罗斯政府和民间投资者承担，设立索契联邦开发计划监督厅，对所有基础设施建设计划的建立、预算、管理、调整、交付全过程进行监督。

俄罗斯在筹办过程中切实有力且细致入微的工作得到国际奥委会的高度评价，巴赫主席在开幕式上致辞："今晚我们将记录奥运会历史的新一页，世界上其他地方可能用几十年才能达到的成就，在这里用了7年的时间就取得成功。"

冬奥会的火炬传递算得上前无古人，在123天时间里花费480万欧元。在俄罗斯境内的火炬传递路线可谓阳光普照，长达4个多月的火炬传递过程中，火炬手将手持火炬穿过83个地区、2900个城镇和居民点。按照组织者的计算与安排，圣火传递路线的设计确保近90%的俄罗斯人可以目睹一小时的圣火传递，这意味着约1.3亿名俄罗斯人能够观看火炬传递过程。为了实现这一目标，俄罗斯人几乎使用了人们可以想象的所有传递方式，包括在贝加尔湖进行水下火炬传递，在北极、俄罗斯空间站内进行传递。最终，在经历了冬奥会历史上最长的火炬传递后，圣火顺利抵达赛场。

奥运会三冠王、花样滑冰运动员伊琳娜·罗德尼娜和冰球运动员符拉迪斯拉夫·特雷迪亚克点燃了圣火台。两个人分别代表了曾被苏联垄断的两个传统冰雪强项，两人传奇的运动生涯也分别体现了他们对俄罗斯奥林匹克的"归来"和"坚守"。罗德尼娜等一批苏联名将随着苏联解体，到美国发展、生活，但随着俄罗斯复兴及索契申办冬奥会，他们重新回到俄罗斯，为冬奥申办、筹办贡献自己的力量。特雷迪亚克是苏联冰球队在巅峰时期的传奇守门员，比"苏联五虎将"年龄略大一点，因此没有经历出走国家冰球联盟的浪潮，他一直坚守在国内，最终成为国家杜马成员，并担任俄罗斯冰球联盟主席，执掌联盟大权。

这里不得不提到另一位归来的游子——维亚切斯拉夫·费季索夫，苏联冰球队队长，作为"苏联五虎将"之一，为苏联国家队和中央陆军带来无数荣誉，同时作为球员和教练员都拿到了国家冰球联盟最高荣誉"斯坦利杯"，入选国际冰球联合会世纪阵容，其票数甚至超过了"大帝"格雷茨基。虽然费季索夫被苏联的旧体制限制并放逐，但他时刻没有忘记自己从哪里来，在39岁时老当益壮地拿下"斯坦利杯"后，与国家冰球联盟主席商量把这个代表北美冰球荣誉的奖杯带回了莫斯科展示。普京上台后急需以体育激发国民热情，展现国家精神，立刻邀请费季索夫担任俄罗斯体育部部长，他发挥自己的影响力和威望，尤其是漂泊在美期间积累的与异质文化交流的能力，把两个大国间可以互补的智慧带回祖国，而他对于故国的情怀是无人质疑的。担当重任的费季索夫不负期望，为了索契能申奥成功，他推动建设了 300 座冰场。他说，索契将成为奥林匹克的标杆，向国际社会展示苏联和俄罗斯对奥林匹克运动做出的巨大贡献。

第 22 届索契冬奥会拉开帷幕，虽然西方主要政要缺席，但还是有包括中国国家主席习近平在内的 60 多国元首及国际组织代表来到索契参加了开幕式观礼。两个多小时的开幕式引人入胜，精彩诠释了俄罗斯悠久的历史、发达的科技和灿烂的艺术，展现了俄罗斯民族对于人类文明做出的贡献。然而，在这场俄罗斯的冰雪盛宴中，却夹杂着许多惊险的事件。

普京曾经在一部纪录片中揭秘索契冬奥会时差点打下一架客机。2014 年 2 月 7 日，索契冬奥会开幕式之前，官方举办了一场对国际友人的欢迎会。距冬奥会开幕式只剩下不到一个小时，国际奥委会的代表们一起坐上大巴前往菲斯特体育场。途中，冬奥会安全保障机动部门的一个领导打电话给普京，报告一架从乌克兰飞往伊斯坦布尔的客机被劫持了。"劫持者要求飞机降落在索契，应该如何处理？"回复是可以想见的，根据此类情况的预警计划，普京回答得更为直接："打下来。"在弄清所有细节之前，俄方决定不能告诉任何人。五分钟之后，机动部门负责人打来第二通电话说，那只是有人耍酒疯，飞机正飞往土耳其，马上就要降落。据媒体猜测，因为俄罗斯将克里米亚共和国并入联邦，劫机者乌克兰人持炸弹进行恐怖袭击，也有报道说是俄方出动战斗机将其逼离索契，还有人说乘客将恐怖分子制伏……真实情况是没有人知道的。主持人询问普京在两通电话之间有什么样的感受，普京直言不想再提这件事了。

索契冬奥会共举行了 7 个大项、15 个分项、98 个小项的比赛，其中男子项目 49 个，女子项目增加到 43 个，还有 6 个混合项目，可见男女平等在冬奥项目中已经非常明显。新增的 12 个小项包括：冬季两项混合接力、雪橇团体接力、花样滑冰团体、女子跳台滑雪普通台、男女自由式滑雪 U 形场地技巧和坡面技巧、男女单板滑雪坡面技巧和平行大回转。

女子项目及混合项目的增加，为更多的女运动员提供了参与冬奥会的机会，新增的单板滑雪和自由式滑雪是年轻人最关注的项目，最能激发年轻一代关注冬奥会的热情。同时，从竞技的角度来看，这些炫酷的新增项目其实具有更高的安全系数和更低的伤病率，这种充满活力的项目登上冬奥会的舞台，不仅符合如今奥运会以运动员为中心的发展趋势，更是奥林匹克转入 21 世纪初期之后的一次鲜明改变。

不仅是年轻的女性，还有更多的妈妈级选手在索契冬奥会上实现突破，这展示了女性运动员参与公平竞赛，获得完整职业生涯的可能性。达里亚·多姆拉切娃成为历史上第一位在同一届冬季奥运会上赢得三项冠军的女子冬季两项运动员，她在赛后获得白俄罗斯总统卢卡申科颁发的"白俄罗斯英雄"最高荣誉。更加戏剧化的是，媒体随即报道，多姆拉切娃直到 2014 年 6 月之前，一直效力于白俄罗斯特工机构 KGB。在 2014 年索契冬奥会之后，她长期缺席竞技比赛，两年后，她与"食人族"比约恩达伦结婚并生下了女儿。在 2018 年平昌冬奥会上，这位妈妈级选手复出，帮助白俄斯获得接力金牌，将她的金牌总数增加到了 4 枚，这一金牌数也刷新了女子运动员在冬季两项这个项目上的金牌纪录。2018 年退役后的比约恩达伦和多姆拉切娃夫妇来到中国执教，分别执教中国冬季两项男女队伍，两位传奇英雄为中国乃至世界的冬季两项运动继续发光发热。

"飞翔的荷兰人"本次雄霸速度滑冰赛场，在 12 个小项中，荷兰队拿下 8 块金牌，其中 4 个小项包揽金、银、铜牌，在女子 1500 米项目上更是包揽了前四名。荷兰队获得 8 金 7 银 9 铜，共 24 枚奖牌。这更映衬出张虹获得中国速滑首金的可贵。她在 1000 米比赛中以 1 分 14 秒 02 的成绩夺冠，从叶乔波、王曼丽、于静、王北星到张虹，中国速滑终于实现了金牌梦，张虹的突破是中国速度滑冰近 30 年坚持付出的回报。

俄罗斯在本届冬奥会上所取得的优异成绩得益于另一种"回归"，东道主为了实现登顶奖牌榜的目标，在基础薄弱的项目上，他们引进外籍归化选手代表俄罗斯参加冬奥会，这些归化选手为俄罗斯成功登顶奖牌榜立下了汗马功劳。如今，无论是"血统归化"还是"非血统归化"，"归化"这一方式都已成为很多国家快速提升体育实力的选择。例如，维克·威尔德是一名美国单板运动员，2012年，他和艾莲娜·扎瓦尔齐娜结婚并获得俄罗斯国籍。在本届冬奥会上，威尔德在单板平行大回转和平行回转的比赛中获得了奥运会冠军，成为双冠王。他的妻子则在平行大回转比赛中获得铜牌。还有原籍乌克兰的塔蒂亚娜·沃洛索扎拿下了双人滑和花样滑冰团体金牌。

然而，在这些归化选手中，最吸引眼球的还数原韩国短道速滑运动员安贤洙，他于2011年加入俄罗斯国籍，改名"维克多·安"，在短道速滑比赛中获得3枚金牌，包括500米、1000米、5000米接力，还获得1500米的铜牌。在2006年都灵冬奥会上，维克多·安同样展现出他在短道速滑项目上的统治力，然而战绩彪炳的维克多·安却是被韩国队放弃的选手。

从"安贤洙"到"维克多·安"，他经历了普通人难以想象的磨难和痛苦，2006年为韩国拿下创纪录的荣誉之后，因为伤病和"党争"，安贤洙失去了韩国速滑队内的位置，这时，普京和俄罗斯体育当局向他伸出橄榄枝，他冒着"叛国"的风险，走了祖辈中类似"中亚高丽人"①的西行羁旅，最终在韩国的优势项目上完成了对韩国的复仇。夺冠之后的维克多·安跪倒在冰面上，长久不起，也许就像他头盔上的那行字："没有痛苦，就没有收获。"（No pain，no gain.）坚守与出离，远

---

① 中亚高丽人是因历史以及苏联政策造就的一批特殊族群，作为朝鲜族从远东地区迁徙到中亚的客居少数族裔，中亚高丽人有近35万人，主要生活在哈萨克斯坦、乌兹别克斯坦、吉尔吉斯斯坦、土库曼斯坦、塔吉克斯坦。

行与回归，其中的复杂性只能自己体会并承受。每个人的个人准则是他真正拥有的东西，那是起伏不定的命运无法剥夺的。

俄罗斯最遗憾的是错失分量最重的冰球金牌。决赛在加拿大队和瑞典队之间展开。主教练麦克·巴博科克率领的加拿大队凭借一前一后两位明星——克罗兹比和守门员凯里·普雷斯——的出色表现，以 3 比 0 战胜了瑞典队，获得了冠军。

在冬奥会的历史上，只有 4 个东道主国家在本国举办的冬奥会上获得了奖牌榜第一名。其中，加拿大代表团在 2010 年温哥华冬奥会上获得了 14 枚金牌，创造了东道主国家在本国举办的冬奥会上所获金牌数之最。尽管本届冬奥会增加了一场比赛，但加拿大的纪录却没有被俄罗斯人打破。本届冬奥会上，俄罗斯在 15 个正式比赛项目中获得了 10 个项目的奖牌，最终以 13 金 11 银 9 铜的成绩跃居奖牌榜第一位，挪威位列奖牌榜第二，加拿大位列第三。

《奥林匹克 2020 议程》之嚆矢

索契冬奥会是冬奥会历史上第二次由非西方发达国家承办的冬奥会。这届冬奥会投资巨大，盛况空前，帮助俄罗斯达到预期，并展示了国际形象，赛事也做到了"回归运动员中心"，提供了完美的赛事体验。而在志愿者、赛后设施、地区经济等奥运遗产方面也值得称道。

从机场接机，到服务于冬奥赛场，再到最终协助完成闭幕式的表演，索契 25000 名志愿者在冬奥赛场内外的表现受到了各国代表团的一致好评。这些志愿者大部分来自俄罗斯各地，大约 7% 来自海外。2014 年索契冬奥会的志愿者计划推动了整个俄罗斯志愿者运动的发展，为赛后俄罗斯志愿者事业的发展提供了宝贵的遗产。俄罗斯的 14 个地区建立了 26 个志愿者中心，这些中心帮助挑选和培训了奥运会的志愿者，奥运会结束后，他们将继续为当地社区服务。

俄罗斯在为索契申请冬奥会举办权的过程之中，主要强调索契的地缘优势。它是一个全年长期开放的国际化旅游胜地，借由体育和旅游实现经济的增长。为了引入奥运会，索契将建立最高层次的比赛和训练设施。而且从地缘角度考虑，受益的不仅仅是俄罗斯，还可以辐射东欧以及中亚地区，全新修建的比赛和训练设施为这些国家和地区的选手提供了运动、训练、比赛的硬件支持。

索契冬奥会的举办得到了俄罗斯联邦以及地方政府的联合支持。为了使索契地区的山地休闲旅游度假村得到长远的发展，2006 年到 2014 年，俄罗斯联邦从国家政策层面为索契经济的发展提供支持。政策的导向为索契成为一个国际体育的中心提供了帮助。在 2014 年冬奥会之后，其奥林匹克公园内建造了 F1 赛车的赛道，索契成了 F1 大奖赛的一个分站。另外，索契也为国际足联承接了联合会杯的比赛，在 2018 年让成为俄罗斯世界杯的举办城市之一。俄罗斯的目的是将索契通过连续的、常规化的世界级赛事，从原来的疗养小镇彻底转化成集体育赛事、休闲、康养于一体的国际性中心城市。

鉴于索契的成功经验和存在的问题，国际奥委会在 2014 年 12 月通过《奥林匹克 2020 议程》，以此作为奥运会改革的方案，为奥运会开启了改革之门。《奥林匹克 2020 议程》改革措施的核心内容是：降低奥运会申办和运营成本，持续发展，提高公信力和注重人文关怀等。

尽管索契耗费了巨大的举办成本，但好在冬奥会的品质得到了公认。从开幕式到闭幕式，发生在冬奥赛场内外的所有大大小小的事件成了索契独有的特色。在开幕式五环展示的设计中，晶莹剔透的雪花逐个展开，组成闪耀的奥运五环。但由于技术故障，奥运五环变成了四环，右上边的一个雪花没有打开。美国《华盛顿时报》发表文章，对此事故表示出惊叹和冷嘲，而英国媒体也在给出的安慰中带着幸灾乐祸。索契冬奥会总制片人康斯坦丁在开幕式结束后的新闻发布会上做出回应，他说："在中国的禅宗里有'瑕不掩瑜'的故事，表示太过圆滑的东西并不完美，开幕式上出现的问题并不影响其余部分的完美展出。如果大家总是揪着这个问题不放，那就太愚蠢了！"

在往届冬奥会的开闭幕式上也出现过类似的技术失误，比如 2010 年温哥华冬奥会四支点火柱只升起了三支，主办者百密一疏才导致如此大型赛事的开闭幕式出现技术事故。但对于索契冬奥会"五环"变"四环"的事故，有一些西方媒体的解读非常有趣，他们说，这是俄罗斯在表达对美国的不满，因为没有展开的一环是最右上红色的那个，代表美洲。这样的解读主要是因为美俄关系由于前期的"斯诺登事件"等变得十分紧张，而且，开赛前，还有美国运动员因为俄罗斯提出限制同性恋相关法律而倡议抵制冬奥会。西方一些主要国家领导，如美国总统奥巴马、法国总统奥朗德，以及英、德领导人都反应冷淡，这也反映了西方国家对俄罗斯的一种整体态度。但把国际关系和五环联系到一起，实在是过度解读。

闭幕式上，俄罗斯人发挥智慧，用集体舞蹈的方式将没有展开的雪花绽放，吉祥物北极熊流下依依惜别的泪水，这让人联想起 1980 年莫斯科夏奥会吉祥物小熊告别时几乎相同的场景，大会画上了圆满的句号。

眼看他起朱楼，
眼看他宴宾客，
眼看他楼塌了！

—— 孔尚任，《桃花扇》

2014 年索契冬奥会结束还未多久，德国电视台播出了一部纪录片，讲述了俄罗斯田径界存在所谓"系统性使用兴奋剂的行为"。这部片了如同打开了潘多拉的魔盒，俄罗斯体坛再次陷入了兴奋剂丑闻的旋涡。这位体育界的"斯诺登"叫作格里戈里·罗琴科夫，2010 年初，曾担任莫斯科反兴奋剂实验室的负责人。罗琴科夫来到美国之后，向世界反兴奋剂机构提供大量证据，描述了 2014 年索契冬奥会期间，俄方如何有组织地使用兴奋剂并逃脱检查。

由此引发国际组织介入调查。同年 7 月，世界反兴奋剂机构发布了由该机构独立委员会成员加拿大律师迈克拉轮完成的独立报告，这一报告涉及俄罗斯体育部门参与操纵索契冬奥会，以及俄方如何调包尿样等细节。这一报告直接促使国际奥委会出台针对俄罗斯的临时制裁措施，俄罗斯田径队因此无缘 2016 年里约奥运会。2017 年，国际奥委会又发布处罚报告，同样认为俄罗斯在索契冬奥会期间存在帮助其运动员使用违禁药物的行为。这份报告让俄罗斯再遭处罚，国际奥委会执委会决定禁止俄罗斯参加 2018 年平昌冬奥会，只邀请符合条件的俄罗斯运动员以个人名义参赛。

世界反兴奋剂机构并未停止对俄罗斯的处罚，随后宣布对俄罗斯运动员禁赛四年，理由依然是俄方在索契冬奥会期间篡改其反兴奋剂实验室数据。俄罗斯拒绝接受这一裁决，认为将兴奋剂问题政治化是不可接受的，随后上诉至国际体育仲裁法庭。在世界反兴奋剂机构向俄罗斯开出禁赛处罚单后，俄罗斯不断地寻求国际仲裁组织的介入，大约一年后，这场争端才尘埃落定。根据国际体育仲裁法庭当天宣布的裁决，俄罗斯运动员将不能以国家的名义参加未来两年的国际体育大赛，这与世界反兴奋剂机构在 2019 年 12 月提出的禁赛四年相比，禁赛期虽然减半了，但是俄罗斯运动员还是没有办法代表国家参加 2020 年的东京奥运会和残奥会，以及 2022 年的北京冬奥会和卡塔尔世界杯等大赛。不过，能够证明自身清白的俄罗斯选手依然可以以独立的身份参加这些赛事。

国际体育仲裁法庭宣布对俄禁赛，但没有采纳世界反兴奋剂机构更为严厉的惩罚措施。对此，俄罗斯反兴奋剂机构虽然并不完全满意，但依旧认为是俄罗斯的胜利。俄罗斯运动员体育协会表示接受判决，但是他们仍然将按计划备战即将举行的东京奥运会。俄罗斯打算以 2021 年 1 月底在德国举行的雪橇世界杯为契机重返赛场，这是判决生效之后俄罗斯运动员参加的第一个大型国际赛事。

平昌冬奥会

2011 年 7 月 6 日，韩国平昌冬奥会申办成功后，韩国及其平昌郡开始进行比赛场馆和奥运村的建设。虽然地方政府为冬奥会场馆以及基础设施建设、完善做了大量的工作，也着手做了大量的宣传，但韩国国民对于平昌冬奥会的关注热度依然很低。据江原道及平昌冬奥会组委会统计，受前总统朴槿惠亲信干政门、"萨德"入韩等一系列因素的影响，截止到 2017 年 10 月，平昌冬奥会比赛门票共售出 32.4 万张，仅实现了目标（107 万张）的 30%。

被遗忘的江原道位于韩国东北部，是最邻近朝鲜的道（相当于省份），该地区经济水平在韩国全国范围内比较落后，平昌郡更是人迹罕至的小镇而已。冬奥会的选址虽然实现了控制成本的初衷，但交通不便等原因，使得集中在首尔首都圈附近的观众难以到达赛场观赛。所以，在平昌冬奥会的直播中可以看到大片空着的观众席，这是本届冬奥会的遗憾之处。

另一个导致观众对冬奥会兴趣较低的原因是，韩国已经完成了除冬奥会以外的所有顶级赛事的举办，如夏奥会、世界杯、一级方程式大奖赛、国际田联大奖赛等。韩国即将成为赛事大满贯的国家，冬奥会作为最后一个，也是在韩国乃至世界受众较少的赛事，无法激起全民参与的热情，尤其在 2017 年冬天，韩国政坛闹剧太过于魔幻，更多民众宁可花时间跑去光华门参加烛光集会，也不愿意更多地关注冬奥会的举办。

平昌究竟是合格，还是最差，众说纷纭。但从国际奥委会以及主要国家的评价来看，外界更多地从积极的方面肯定了这届冬奥会举办的意义，尤其是凸显奥林匹克和平这一主旨的重要意义，即冬奥会成为地区乃至世界倡导和平的舞台，将朝鲜半岛一分为二的韩国和朝鲜共同登场，组织韩朝女子冰球联队参赛，这成了 21 世纪奥林匹克史上的一段佳话。

加拿大人莎拉·默里是韩朝女子冰球联队的教练。默里在 26 岁时成为韩国女子冰球队主教练就是一种挑战，对于年轻的默里来说，缺乏经验是无法回避的短板，3 年来，她努力调整心态，让自己卸下包袱放手去做。但是，朝鲜半岛的局势却在没有任何预兆的情况下发生了变化，朝韩女子冰球联队作为一种"政治宣言"聚集在一起，不需要征得任何人的同意。这支队伍从成绩上来说可能是最不值得期待的，却因为朝鲜半岛南北合体，成为 2018 年平昌冬奥会上最吸引全世界关注的队伍。

2014 年索契冬奥会八支女子冰球队中只有美国队一支是由女教练执教，但在四年后的平昌冬奥会上，女教练执教的队伍已经上升到三支，包括东道主韩国、加拿大和瑞士。莎拉·默里的任务是将来自世界上最为矛盾又统一的两国选手融合在一起，由 23 名韩国球员和 12 名朝鲜球员组成的联队，在奥运会这个最高的舞台上，与世界上最好的女子冰球队过招。

默里会冒险担任韩国女子冰球队的教练并不完全出人意料，作为美、加双重绿卡持有者，她的家世显赫。她的父亲安迪·默里担任加拿大男队教练期间，帮助他们赢得 3 枚世界锦标赛金牌。2014 年，韩国正在寻找一名教练带领女队参加奥运会。当时，萨拉·默里没有回到瑞士继续她的运动员职业生涯，而是选择了教练工作，欣然搬到了首尔。也许韩国冰协看中的是她的父亲，老默里经验丰富，作为电话导师对于韩国队也是巨大的支持。"作为一名球员，我不想听他的建议，而现在作为教练，我愿意接受一切，即便是他的批评。"莎拉·默里发现，每当事情发生变化时，脑海里总是回响着父亲的声音。

就在平昌冬奥会开幕前几周，朝鲜民主主义人民共和国的运动员突然决定加入默里的队伍。尽管默里和她的新团队一开始面对这一变化心情复杂，因为这种变化将使她的团队成为奥运会上最奇葩的队伍之一。本来这支队伍就成分奇怪：除了韩国球员，还有回归的韩裔，以及金发碧眼的非血缘归化选手……现在还加上了来自社会主义国家的姐妹们。年轻的主帅感叹道："我们组队是一种政治声明，但现在我们在一起了，我们必须是一个团队！"默里对此表示，"开始时，韩国球员在帮助朝鲜球员融入，但两天之后，北方球员好像知道得比我们更多，她们真的很努力。当我看到队员们坐在一起吃午饭时，我分不清谁是韩国人，谁是朝鲜人，因为她们是一样的。"

尽管朝韩联队最终输掉了五场比赛，以最后一名的成绩结束了本届冬奥之旅，但她们成功地向朝鲜半岛以及世界传播了和平、团结和希望的信号。默里的参与也表明了另一件事——一名20多岁的女性可以担任奥运会最复杂的教练角色。默里在她的队员们的最后一场比赛结束时流下了眼泪，她感慨道："我平等地对待了韩国和朝鲜的球员，球员们也完全服从了我的要求。球员们才是真正的英雄。"在国际奥委会官方网站上有这支不可复制的队伍的纪录片，在所有比赛结束后，韩国和朝鲜的姑娘们即将分别，她们将回归原本的身份和环境。这一别或真的是生离死别，但她们永远不会忘记这一段无关国籍、政党、社会制度和意识形态的奇妙奥运之旅。人们不会忘记这一支队伍。

平昌在体育竞技方面饱受诟病的是"主场哨"问题，在裁判判罚等方面确实值得商榷，这导致本届冬奥会在竞赛组织方面黑点无数，比如出现了加拿大运动员登台领奖前做出了打扫领奖台的动作。这不禁让人想起 1988 年汉城奥运会和 2002 年韩日世界杯，东道主主场获胜的欲望和热情可以理解，但背离公平、公正的细微之处非常值得反省，毕竟敬畏规则是现代奥林匹克运动的基本品质。

在中韩对决的短道速滑赛场上，规则和判罚让中国女子项目没有拿到任何一枚金牌，但男子项目出现了重大突破。队长武大靖在 500 米预选赛中就占据了主导地位，以 39.8 秒的成绩刷新了世界纪录，在决赛中又以惊人的速度，从起跑就领先于韩国的黄大宪和林孝俊，两位韩国选手设计的战术组合全无用武之地，领先的距离一直没有缩小，他们丧失了发起进攻的可能。武大靖以 39 秒 584 的成绩完成了四圈半的比赛，并以新的世界纪录获得金牌。

武大靖曾一度只能做女队陪练，但坚持不懈的他一直没有放弃，在索契冬奥会上获得了男子短道速滑 500 米银牌。自那以后，他一直统治着这个小项，在短道速滑世锦赛和世界杯上一共获得了 10 个男子短道速滑 500 米冠军。他在平昌冬奥会上堪称完美的表现，使他成为第一个在冬奥会上获得短道速滑金牌的中国男子运动员。"我没有给我的对手机会，只是从一开始就保持我的速度。更重要的是，我相信我自己。"团队多年的努力终于在男子项目上开花结果，这虽然是中国军团在平昌唯一的金牌，但武大靖的表现使人们在冬奥会即将闭幕前看到希望，如冬夜中的炬火，未来可期。

本届冬奥会上，武大靖可谓中国队的代表人物，而韩国和日本也各有自己的代表人物。日本花样滑冰选手羽生结弦成功卫冕，他用高超的技术和对花滑的深刻理解，向世界展示了东方美学。而韩国选手尹诚彬戴着钢铁侠头盔在钢架雪车的赛道上飞驰而下，这位从跳远转项到钢架雪车的天才运动员打破了欧美选手在钢架雪车项目上的垄断，成为钢架雪车的王者。

尹诚彬在平昌冬奥会的突破固然值得关注，但我们也不要忽略了中国钢架雪车队队长耿文强，虽然他在平昌仅获得第 13 名，但在两年后的世界杯分站赛上，他取得了第 3 名的中国钢架雪车历史最佳成绩，与尹诚彬一起登上领奖台。也许这一幕还会发生在 2022 年北京冬奥会的赛场上。

单板滑雪在 1998 年日本长野冬奥会上首次亮相，2002 年盐湖城冬奥会改进了单板滑雪项目，将男子和女子的大回转项目改为平行大回转。2006 年都灵冬奥会增加了单板滑雪障碍追逐赛，2014 年索契冬奥会增设单板滑雪坡面障碍技巧，2018 年平昌冬奥会首次增设了大跳台项目。20 年过去了，单板滑雪成为冬奥会的重要组成部分。2018 年平昌冬奥会期间，在单板滑雪项目上获得金牌数最多的运动员肖恩·怀特大力宣传单板滑雪运动，呼吁媒体和协会更多地关注其他单板滑雪运动员，关注这项新兴运动的未来前景。尤其是单板滑雪中新增设的大跳台项目，是冬奥项目里最年轻的项目。简单来说，这个项目就是在雪场里建设一座小山，让运动员滑行下来获得更快的速度，飞行起来后，跳台有较长的缓坡，保证运动员有足够的飞行时间可以做出精彩的技巧动作。在北京冬奥会中，这也将是一大看点，因为北京冬奥组委会将大跳台项目设置在了城区，这将是滑雪项目第一次被搬入城市之中，无疑为冬季运动开拓了新的场域。

2018 年韩国平昌冬奥会有多达 91 个国家和地区参加，其中 17 个国家和地区只有一个人参赛。派出一人参加高山滑雪的国家和地区有：南非、东帝汶、卢森堡、马达加斯加、圣马力诺、阿塞拜疆、厄立特里亚、肯尼亚、科索沃、塞浦路斯、波多黎各；派出一人参加越野滑雪的有：马耳他、百慕大、厄瓜多尔、汤加；还有新加坡派出一人参加了短道速滑比赛。出场仪式上，人们都记住了汤加运动员塔乌法托法，他曾参加里约奥运会，这次又代表汤加出战冬奥会，成为历史上第一位夏季奥运会、冬季奥运会双料开幕式旗手。在平昌低温的夜晚，他赤裸着上身，勇猛无比。

出自非冰雪项目强国的选手可谓孤军奋战的英雄，值得尊重。还有一些亚热带的国家也投入冰雪运动的发展中，他们更值得拥有全世界的关注和掌声。2019 年，尼日利亚绿白相间的国旗第一次在世界混合冰壶锦标赛上亮相。蒂亚尼·科尔和苏珊娜·科尔代表尼日利亚，同时也代表非洲队伍，在世界冰壶赛事中夺取了首场胜利。

　　尼日利亚自 2018 年成为世界冰壶联合会成员后，一直致力于冰壶的推广，他们的一项伟业是建造了非洲大陆上的第一座冰壶场地。这座冰壶馆选址在旅游中心城市克罗斯河州卡拉巴尔，这里将要建成两块用于冰壶和其他冰上项目的冰场，并设计了综合训练中心和休闲商业区域，预计在 2021 年 12 月完工。目前，作为世界上第一个开展冰壶运动的非洲国家，尼日利亚冰壶联合会已注册了 55 名职业选手，冰壶业余运动员和注册的爱好者多达千人。但是囿于训练的条件，大多数选手只能利用旱地冰壶来练习。目前，随着该项目逐渐得到体育总会、政府部门的认可，冰壶开始作为体育课引入该国的学校。尼日利亚冰壶联合会的野心不止于此，他们希望将冰雪运动推广到其他的非洲国家。因为这些微小而切实的努力，我们看到冬季奥林匹克在世界版图内不断地扩展并发展壮大。

　　平昌冬奥会的大幕落下，挪威和德国以 14 金并列金牌榜第一位，挪威总共获得 14 金 14 银 11 铜，位列奖牌总数第一，创造了奖牌总数的冬奥纪录。平昌冬奥会虽然遗留诸多问题，但积极呈现了《奥林匹克 2020 议程》的精神，在人文交流、奥林匹克教育等方面做出具有创新性的工作，如奥林匹克艺术项目的确立，进一步加强体育与文化在奥运会内外的融合。

平昌冬奥会让运动员获得通过艺术表达自我的机会，如希腊运动员亚历克西·帕帕斯参与电影短片《奥运梦想》的拍摄，以半纪录半虚构的方式，讲述了年轻的越野滑雪运动员和奥运村的志愿者之间的冬奥故事。

本届冬奥会还邀请了已经转行为艺术家的退役运动员，包括曾参加过 1984 年洛杉矶奥运会和 1988 年汉城奥运会的英国标枪运动员罗尔德·布拉德斯托克、曾参加 2006 年都灵冬奥会的美国冬季两项运动员兰尼·巴恩斯，以及 1976 年蒙特利尔奥运会上的铜牌得主、瑞士击剑运动员吉恩-布莱斯·依维柯沃兹。他们用简单的方式在奥运村里运营了小型艺术工作室。他们的工作室里设置了涂鸦体验，让运动员在比赛之余参与到艺术创作之中。罗尔德·布拉德斯托克说："奥运会举办期间，运动员可以在这里花几分钟做一些与比赛不同的事情，帮助他们寻找自我。"另一位主创人员兰尼·巴恩斯提道："有一天，两个日本女运动员进来画画，其中一名选手情绪低落，甚至眼角带着泪水，因为她刚刚完成比赛，但表现不佳。当她们完成绘画时，脸上却洋溢着笑容。作为一名运动员，这样的时刻是无价的。"

在奥林匹克中加入艺术项目这一微小变革带来的影响是无

限的，这个艺术项目回应了顾拜旦的理想——"体育与艺术和文学和谐相通，才能成就伟大的奥林匹克运动会"。这正是21世纪奥林匹克运动渴望呈现的价值观。

平昌冬奥会还在维护世界和平稳定方面做出了积极贡献，国际奥林匹克休战基金会与平昌合作举办"和平论坛"，来自世界各地的100名参与者，围绕"促进平等与和平"的主题，参与教育培训和体育活动。青年人在平昌这个拥有奥林匹克和平烙印的地方，探索体育在解决地区冲突与维护世界和平中的作用。

为了纪念2018年平昌冬奥会举办两周年，平昌和平论坛于2020年2月9日至11日在平昌阿尔卑西亚会展中心举行，并圆满闭幕。该论坛已成为探讨和平与发展以及如何促进和平以实现可持续未来的全球平台。平昌冬奥会是他们最大的遗产之一，旨在庆祝和平运动中团结在一起的世界。

第四届冬季青年奥林匹克运动会将于2024年1月19日至2月2日在江原道平昌和江陵市举行。国际奥委会委员、2018年平昌第二十三届冬季奥运会协调委员会前主席古尼拉·林德伯格对冬青奥会给予高度评价："2024年青年奥运会将充分利用2018年平昌冬奥会的遗产，并努力实现我们在体育领域拓展新视野的愿景。江原道将继续带给新一代冬季运动员们希望。"

平昌冬奥会后续的举措和未来即将举办的活动令人相信奥林匹克在当今时代仍然极具价值，一如《奥林匹克宪章》的基本原则:"奥林匹克主义是增强体质、意志和精神,并使之全面均衡发展的一种生活哲学。奥林匹克主义谋求体育运动与文化、教育相融合,创造一种以奋斗为乐、发挥良好榜样力量的教育价值,并推广一种以尊重基本公德为原则的生活方式。"

北京冬奥会

2014 年,《奥林匹克 2020 议程》发布之后,北京和张家口提出共同申办 2022 年冬奥会,其实无论从哪个层面来看,北京和张家口都是最适合举办 2022 年冬奥会的城市。从国家层面来看,在候选国家之中,中国显然是政治最稳定、经济最繁荣的。特别是在 2008 年金融危机后的全球经济复苏趋势下,中国一直保持着较为平稳的 GDP 增长趋势。从政策支持的层面来看,举办冬奥会被视为"两个一百年"重要历史节点的标志性事件,得到了从领导人到政府的大力支持。而且如果在筹办过程中遇到困难,还能发挥制度优势,集中力量办大事。从举办城市的层面来看,张家口市崇礼区有着得天独厚的冰雪资源,同时,也符合雅克·罗格提出的"奥林匹克瘦身"计划;北京作为首都,有着强大的政治、经济、文化实力作保障,还有着 2008 年夏奥会的遗产,这是中国在申办 2022 年北京冬奥会时打出的最为重要的一张牌。从社会层面来看,我国民众热切盼望着冬奥会的到来，群众也在申办、筹备冬奥会的过程中提供了大量的支持。从技术层面来看，我国的科技水平飞速发展，无论是在城市建设、场馆改造还是在生态防控方面，中国的硬实力足以令人信服。所以，从举办冬奥会的能力来看，中国集聚了各个方面的优势。

但是，在我国成功申办冬奥会的背景下，冬季项目的人才储备和培训面临三个"三分之一"的局面，即"较为成熟、有一定基础、基本空白"三个层次。这三个层次直接对应着北京冬奥会的三个赛区：最为成熟的北京赛区（6个竞赛场馆、7个非竞赛场馆）、有一定基础的张家口崇礼赛区（4个竞赛场馆、4个非竞赛场馆）和从无到有的延庆赛区（2个竞赛场馆、3个非竞赛场馆）。连接三个赛区的京张高铁和崇礼线已于2015年开工建设，最高设计时速达350公里，2021年初已建成通车。冬奥会期间，从北京清河站到延庆站的运行时间约20分钟，到张家口太子城高铁站的运行时间约50分钟。

北京赛区承接的冰上项目都在室内进行，这些项目包括滑冰、冰球、冰壶。北京赛区承接的雪上项目只有单板和自由式的大跳台比赛。在北京冬奥会上，北京会大力发挥2008年北京夏奥会的遗产优势，改建五棵松、国家体育馆、水立方等场馆。五棵松的篮球场馆、国家体育馆的综合性场馆都可以在原本建筑的基础上快速搭建、引入制冷设备设施，在4个小时内转换成冰球比赛场地。而北京的地标性建筑，位于鸟巢旁边的水立方，将进化成冰立方，成为冰壶比赛的场地。

北京赛区唯一的新建场馆是速度滑冰的大道馆，场馆虽然是新建的，但其土地资源依然是 2008 年北京夏奥会的遗产。国家速滑馆又被称为"冰丝带"，因为其外观以冰为设计意向，整体呈马鞍形，上部配有 22 条彩色灯带环绕，象征着速滑选手的滑行轨迹，体现冰雪运动的速度和激情。速滑馆的冰面可以满足速度滑冰、短道速滑、花样滑冰、冰壶、冰球全部五大类冰上运动项目的竞赛要求，还能够实现 3500 人同时上冰的全民健身需求。如今，"冰丝带"已经成为各类奥运宣传短片中经常出现的标志性建筑。

除了完备的基础设施和保障条件，东道主国家在本届冬奥会上所表现出的竞技水平也十分关键。以足球项目为例，虽然我国在足球赛事的竞赛组织方面非常成熟，但如果作为东道主，在竞技层面表现不佳，那么申办大型比赛对于提升国民精气神没有任何有益的帮助，所以我国对于世界杯的举办一直存在顾虑。与之相比，中国的冰雪运动稳步发展，值得期待。从 1980 年普莱西德湖冬奥会首次登上冬奥赛场以来，中国代表团不断取得新的突破，1992 年法国阿尔贝维尔冬奥会上获得首枚冬奥奖牌，2002 年美国盐湖城冬奥会上获得首枚冬奥金牌。基本按照十年一个阶段，竞技水平稳步提升。

截至目前，中国在冬奥会上共获得 62 枚奖牌：

短道速滑33枚（10金15银8铜），占奖牌总数的53%；

自由式滑雪空中技巧11枚（1金6银4铜），占奖牌总数的18%；

花样滑冰8枚（1金3银4铜），占奖牌总数的13%；

速度滑冰8枚（1金3银4铜），占奖牌总数的13%；

冰壶1枚（1铜），占奖牌总数的2%；

单板滑雪U形场地1枚（1银），占奖牌总数的2%。

在申办北京冬奥会之前，中国已经形成了以短道速滑、自由式滑雪空中技巧为优势项目的冰雪运动格局。同时，中国与冰雪运动的国际单项组织保持了长期的合作和紧密的联系。这些都非常有助于推进冬奥会的筹办工作。自进入北京冬奥周期以来，无论是政府、冬奥组委还是运动员，都在办赛和参赛层面积极筹备，稳步推进冬奥会的举办，相信中国必将举办一届"精彩、非凡、卓越"的冬奥会。

冬季奥林匹克的未来

瑞典的斯德哥尔摩、奥勒和意大利的米兰、科尔蒂纳丹佩佐于2018年1月正式向国际奥委会递交了申办2026年冬奥会的材料。随后，国际奥委会评估委员会对申办地进行了考察，并于 1 月 24 日公布了评估报告。评估委员会认为，申办城市都具有良好的冬季运动传统、丰富的办赛经验、一流的赛事场馆、热情的观众、成熟的志愿者和赛事组织团队，并且将冬奥遗产和可持续发展作为申办过程中首要考虑的因素。这些做法都体现了《奥林匹克 2020 议程》的理念，并且将运动员作为申办计划的核心。

最终，意大利的米兰和科尔蒂纳丹佩佐击败瑞典的斯德哥尔摩和奥勒，成为 2026 年冬奥会的举办城市。意大利的成功申办体现了 2022 年北京冬奥会的人文价值对冬季奥林匹克未来发展的影响。因为意大利的优势正是在于他们采取了北京-张家口这种"大城市 + 滑雪小镇"的组合模式，再加上科尔蒂纳丹佩佐有往届冬奥会的遗产，意大利使人们对于冬季奥林匹克的可持续发展抱有期待。

自 1924 年法国夏蒙尼冬奥会至今，冬季奥林匹克已发展了近百年。在漫长的历史中，这个由 15 个分项构成的冬季运动顶级赛事也逐渐形成了自身的人文价值。在器物层面，冬奥会的各个竞赛项目、会徽、吉祥物等标识成为冰雪文化的标志；在组织层面，奥林匹克的三大支柱——国际奥委会（IOC）、国际单项组织（IF）、各国奥委会（NOC）相互协作，共同促进了奥林匹克运动的发展；在精神层面，冬季奥林匹克在"更高、更快、更强"的奥运精神上增加了极寒、极冷的极端自然条件，这是一种自我超越，同时还展示了人类与自然和谐共生的人文价值。

如今，北京冬奥会仍处于筹办阶段，举办北京冬奥会对我国体育、文化、社会等方面的价值尚无法做出定论，但仍可以看出其预示的四点价值取向：回溯人类冰雪历史起源、重构冰雪文化自信、促进包容创新的多元文化发展、塑造奥林匹克新时空。

第一，回溯人类冰雪历史起源。岩画记录了人类最早的生活状态，在寻找冰雪运动的源头时，人们也自然将目光投向散落在世界各地的岩画。出现在斯堪的纳维亚半岛的挪威、瑞典、芬兰等国以及俄罗斯北部的一些岩画展示了早期滑雪者脚踩滑雪板、手拿器具进行狩猎的场景，所以大家普遍认为滑雪运动的起源地是北欧。直到在中国新疆阿勒泰地区发现了滑雪岩画，人们才改变了对滑雪运动起源地的看法。

2005 年，一位新疆农民在敦德布拉克的岩画洞穴中发现了中国境内最早的滑雪遗迹。这里位于新疆阿勒泰市下的一个蒙古民族乡，发现岩画的具体地点是在乌鲁木齐正北方向靠近国境线的地方。如今，这里的岩画遗迹已经被保护起来。岩画被刻在洞穴深处，生活在冰河时期的原始先民，通过在洞穴深处绘制岩画，表达狩猎收获颇丰的愿望。我们在岩画上可以清晰地看到大批奔跑的牛群，在画面的左上角还可以看到四位猎手踩着滑雪板进行狩猎。2015 年，《阿勒泰宣言》的发布意味着新疆阿勒泰为人类滑雪起源地的说法首次得到国际公认。这不仅为中国参与冰雪运动历史研究提升了话语权，更为人类进行冰雪文明的探究提供了新的史学依据。

第二，重构冰雪文化自信。当欧美国家的人们追溯他们的冰雪运动源头时，会发现他们的祖先喜爱把冰雪活动与当时的绘画作品结合在一起。早在 1565 年，老彼得·勃鲁盖尔在《冬猎》等一系列民俗画中就展现了欧洲人在冰上开展滑冰、雪橇、冰壶等冬季运动的画面。

伴随北京冬奥会的成功申办，我国也开始对古代冰雪运动进行文献考察，其中清代乾隆年间的作品《冰嬉图》可能是最早记录我国开展冰上运动的作品。得益于《冰嬉图》的发现，我们可以重构自己的冰雪文化记忆。从《冰嬉图》上我们可以看到当时的人们每年冬天在颐和园冰嬉的场景。这些喜闻乐见的活动激发了民众对冰雪活动的热情。在平昌冬奥会期间，国际奥委会主席巴赫非常仔细地观看了《冰嬉图》，对中国传统绘画的精湛技艺赞不绝口。2021 年初，我国当代知名艺术家蔡国强以《冰嬉图》为原型，绘制了烟火作品《银河冰嬉》，表达了中国国民对于冬奥会的热切期待。冰雪文化借助这些素材传播并深入人心，展示了我国的冰雪文化自信，必将有力地推动"三亿人上冰雪"愿景的实现。

第三，促进包容创新的多元文化发展。将 2022 年北京冬奥会的场馆设置与 2008 年北京夏奥会进行对比，可以发现，2008 年我们通过举办夏奥会展示了中国形象，向世界传递了中国崛起的信号。当时，北京市修建奥林匹克公园，在南园中部挖了一个人工湖，它的北面叫作"仰山"，这个名字与景山相对，有"南北景仰"之意。从南至北，北京中轴线展示的中华文明，从历代王朝遗迹，到共和国历史遗迹，直至走进世界文明的菁华——奥林匹克。所以，2008 年北京夏奥会的内在逻辑是中华文化向世界文明的汇入。

但是，到了 2022 年北京冬奥会，中国将展示不同的形象和价值取向。如果从东向西走过长安街的延长线，你可以看到首都体育馆、五棵松体育馆、首钢大跳台等多个冬奥场馆。如今，它们已经成为城市的新地标。五棵松体育馆通过高科技手段，可以使篮球场馆在 4 小时内转化成冰球场馆。而首钢大跳台作为单板滑雪的比赛场地，是最值得关注的一个场馆。

单板滑雪大跳台是奥运会最年轻的一个项目，因为这项运动充满刺激与挑战，所以也是最受年轻人喜欢的一项极限运动。这个项目就是在雪场里再建一座小型的山体，运动员使用单板或双板从起跳台滑下，从而获得一定的起跳高度，跳台之下有一个比较缓的着陆坡，使运动员在飞行过程中有更多的时间展示自己的转体等技术动作。因为这些动作极具炫酷性和创造性，所以受到无数年轻人的追捧。

虽然以前鸟巢举办过沸雪国际雪联单板及自由式滑雪大跳台的比赛，但是每次都在赛后拆除跳台。而如今，在首钢园区里建设的单板滑雪大跳台将成为世界上首个永久保留使用的大跳台场地。另外，需要特别注意的是，单板滑雪大跳台将成为北京冬奥会唯一的室内雪上项目的举办场地。纵观冬季奥林匹克的发展史，冰上项目和雪上项目的地区分布并不在于运动员滑行的介质。冰上项目大多在位于城市的室内场馆进行，而雪上项目一直保留着在户外雪场进行比赛的传统。作为雪上项目比赛场地的首钢大跳台利用高科技手段，在城市里建一座小型雪山。这座大跳台的设计和审美还充分参考并使用了敦煌壁画中飞天的元素，结合首钢园区保留下来的后工业遗迹，将建筑科技与艺术完美结合，再加上单板滑雪所蕴含的朋克文化以及极限运动的体育精神，相信一定会在北京冬奥会上成为最受关注的场馆之一，也将是冬季奥林匹克运动发展转向的一座纪念碑！

第四，塑造奥林匹克新时空。世界上的雪车赛道大多集中在欧洲，其中最早的一条位于1928年及1948年冬奥会举办地——瑞士圣莫里茨。如今，圣莫里茨保留着世界上唯一的人工雪车赛道。2020年，中国国家雪车雪橇中心所有赛道完工，并且在同年10月得到国际雪车联合会的认证，被认证为世界上第17条正在运营的、最先进的赛道，这条赛道也成为亚洲第三条、国内首条雪车赛道。2022年北京冬奥会时，这里将承办雪车、钢架雪车、雪橇三个项目的比赛。从外形上可以直观地看到，我国修建的这条赛道有着世界上仅有的360度回环弯，并且赛道少有地建在了山体的南麓，因为从保温、节能的角度考虑,北半球的赛道一般会建在山的北面。但是延庆赛道全程都设置了遮阳板,这样可使运动员和观众获得更好的比赛及观赛体验。

延庆雪车赛道的修建是滑行类运动从欧洲向东方转移的标志,原本几乎废弃的日本长野赛道以及韩国平昌赛道都会因此受益。延庆赛道竣工后,亚洲共有三条雪车赛道,按照国际雪车联合会的规则,亚洲人从此就可以举办自己的雪车亚洲杯。在此之前,亚洲队伍只能参加美洲杯,并将其作为自己的主场赛事。所以,随着延庆赛道的建立,整个雪车运动都将出现新的转折——更多高水平赛事的出现会使运动员的积分、运动队的参赛配额发生变化。这些变化使得冬季运动的未来值得期待,期待在北京冬季奥运会后,雪车世界杯及世锦赛都会在中国举办。

当我们在讨论冬奥会的深远影响时,奥运遗产不可忽略,即有形的冬奥场馆可以带来无形的高水平赛事及人才的聚集。在我们建立起自己的竞赛组织团队时,奥林匹克教育也同样不可忽视。中国的青少年会在北京冬奥会的契机下走近冰雪运动,在他们的成长过程中,冰雪运动是大众在冬季户外活动中的一个重要选择。毫无疑问,全民参与是冬季奥林匹克可持续发展过程中最值得期待的未来。

所以,当人们重回历史的河流时可以看到,奥林匹克进入了一个新的发展阶段。在 2008 年之前,奥运会每十年才来一次东亚，但是从 2018 年开始，四年间，我们迎来了平昌冬奥会、东京奥运会以及北京冬奥会。平昌冬奥会还留下了韩国、朝鲜在开幕式上共同入场并且一同组队参加冰球比赛的珍贵瞬间，传递了和平发展的信号，在奥林匹克的历史上留下了一段佳话。经过四年的发展和积累，东亚文化将注入奥林匹克基因中。尤其在新冠病毒疫情肆虐全球这个特殊的时间节点上，相信北京冬奥会的成功举办将是疫情之后人类重振世界文明的一个标志性事件。

奥林匹克就像一个正在成长的生命体，成长意味着自我更新，但这个过程肯定不会是一路坦途。回顾冬季奥林匹克的发展历史，几乎在走入每一个新主题、新阶段之初，都曾走过弯路，甚至犯过错误，但每次，国际奥委会和参与奥林匹克的国家和民众都会直面历史，吸取经验教训去克服遗留的弊端，通过纠错来确立一种新的品质。走过镜像、"冷战"、差异，走向成熟、多元、改革，奥林匹克作为现代人类文明菁华成长着，它的历史将交由我们继续书写。

后记

写这篇后记时，我正在国家雪车雪橇中心执裁冬奥测试赛。我从北京冬奥周期开始冬奥教学、科研相关工作，最初，凭借韩国学、人文学的学术背景，从"平昌经验"转移介入冬奥研究，后来，以项目规则、发展历史和人文价值等为中心，设计并教授冬奥课程。幸运的是，我在2018年加入冬奥组委雪车竞赛组织核心团队，并在2019年成为雪车、钢架雪车国际级裁判，这让我通过滑行类的项目获得了无数"巅峰体验"，加深了对于冬季奥林匹克的理解。

这本书的写作得益于整个北京冬奥周期工作的积累，我力图为读者提供独特的视角和观点，希望本书对专业研究人士和大众读者能提供助益。

感谢张健校长为此书作序。特别感谢我的博士后合作导师胡斌教授，没有他的栽培，我不可能在这么短的时间内跨学科取得进步和成绩。感谢北京体育大学冬奥培训学院的胡恒书记、叶楠老师以及所有同事，和大家共事非常愉快、受益良多。

感谢我的硕士导师金英玉教授、博士导师金炳善教授的教导和理解，虽然我暂时远离了文学研究之路，但对新领域的探索依然离不开求学期间恩师给予的指导。这些指导让我有足够的学养面对未知领域的挑战。感谢爱徒游龙飞、祝嘉雯为本书资料搜集和校对工作提供的帮助。

　　感谢本书编辑黄蕊女士。2008 年，我第一部译著出版即和黄老师合作，不觉已有十余年，感谢一路相助，让我们不会忘记为了什么出发。

　　最后，把这本书送给我的家人和学生，以及无数抱有奥林匹克理想的人。

　　不忘初心，方得始终！

季成

于小海坨山南麓

2021 年 10 月 20 日

附一　冬奥比赛项目介绍

冬季奥林匹克运动会比赛项目中的"大项"为主干项目，受冬季运动国际单项体育联合会管辖。"分项"是冬季奥林匹克运动会大项的分支，包含一个或多个小项。"小项"则是大项或分项中的一项比赛，产生名次，并据此颁发奖牌和证书。大项、分项和小项随着冬季奥林匹克运动会的不断发展而逐渐优化。

冬季奥林匹克运动会从1924年发展至今，竞赛项目演进为7个大项，15个分项。7个大项中有滑冰、冰球、冰壶3个冰上项目和滑雪、雪车、雪橇、冬季两项4个雪上项目。15个分项分别为短道速滑、花样滑冰、速度滑冰、冰壶、冰球、自由式滑雪、单板滑雪、冬季两项、跳台滑雪、越野滑雪、北欧两项、高山滑雪、雪橇、雪车、钢架雪车。其中，冰上项目有5个分项，雪上项目有10个分项。

冬季奥林匹克运动会小项的数量呈不断增加的态势。首届冬奥会设置了16个小项，第十五届冬奥会小项增至46个，第二十届冬奥会小项增至 84 个，第二十二届冬奥会小项增至 98 个，第二十三届平昌冬奥会小项增至 102 个，而第二十四届北京冬奥会小项将增至 109 个。

附二　译名对照表

A

阿比约恩·鲁德	Asbjørn Ruud
阿恩芬·伯格曼	Arnfinn Bergmann
阿尔卑西亚	Aplensia
阿尔塔	Alta
阿兰·卡尔马尔	Alain Calmar
阿勒泰	Altay
阿雷	Are
阿维里娜	Averina
埃迪·伊甘	Eddie Eagan
埃里克·海登	Eric Heiden
埃斯特尔·阿尔方	Estelle Alphand
艾卡特莉娜·格尔德耶娃	Ekaterina Gordeeva
艾莲娜·扎瓦尔齐娜	Alena Zavarzina
奥列格·普罗托波波夫	Oleg Protopopov
奥兹	Otzi

B

巴加奥格郭勒	Baga Oigor Gol
班迪俱乐部	Bandy Club
贝克斯塔	Böksta
比格尔·约翰内斯·鲁德	Birger Johannes Ruud
比约恩·戴利	Bjorn Daehlie
冰宫俱乐部	Palais de Glace Club
伯恩哈德·鲁斯	Bernhard Russi
伯尼·布莱尔	Bonnie Blair
博德·米勒	Bode Miller

C

查尔斯·朱特劳	Charles Jewtraw

D

达里亚·多姆拉切娃	Darya Domracheva
大回转项目	Giant Slalom
单板滑雪	snowboard
单板滑雪大跳台	Big Air
《地球公约》	*Earth Pledge*
蒂亚尼·科尔	Tijani Cole
叠层滑雪板	laminated skis

H

汉密尔顿·斯洛特	Hamilton Scot
汉尼·文策尔	Hanni Wenzel
汉斯·贝克	Hans Beck
汉斯-于尔根·鲍姆勒	Hans-Jurgen Baumler
赫伯特·布鲁克斯	Herbert Brooks
赫尔曼·诺格勒	Hermann Nogler
赫菲斯托斯	Hephaestus
赫玛·萨博	Herma Szabo
亨利·奥雷耶	Henri Oreiller
滑降项目	Downhill
皇家苏格兰人冰壶俱乐部	RCCC
回转项目	Slalom

J

矶崎新	Arata Isozaki
基茨布尔	Kitzbuhl
吉恩-布莱斯·依维柯沃兹	Jean-Blaise Evequoz
吉利斯·格拉夫斯特伦	Gillis Grafstrom
吉姆·克雷格	Jim Craig
极限运动	X-game
加百利·帕卡德	Gabriel Paccard

加拿人冰球广场	Canada Hockey Place
杰克·波顿·卡彭特	Jake Burton Carpenter
杰克逊·海恩斯	Jackson Haines
今野昭次	Akitsugu Konno

K

卡尔·马克思城	Karl Marx-Stadt
卡尔·施兰茨	Karl Schranz
卡尔-埃里克·埃里克森	Carl-Erik Eriksson
卡雷·瓦尔伯格	Kaare Wahlberg
卡特琳娜·维特	Katarina Witt
凯勒·海斯	Carol Heiss
凯里·普雷斯	Carey Price
科拉半岛	Kola Peninsula
克拉斯·顿贝格	Clas Thunberg
克拉斯·莱斯坦德	Klas Lestander
克里斯蒂安·霍夫曼	Christian Hofiman
克里斯特尔·哈斯	Christl Haas
克利斯特·罗腾布格尔	Christa Rothenburger

L

拉赛尔斯·布朗	Lascelles Brown

赖莎·斯梅塔尼娜   Raisa Smetanina

兰尼·巴恩斯   Lanny Barnes

老彼得·勃鲁盖尔   Pieter Bruegel，1525—1569

勒德于   Rødøy

理查德·巴顿   Richard button

莉迪亚·斯科布利科娃   Lydia Skoblikova

脸书   Facebook

林赛·沃恩   Lindsey Vonn

柳博芙·伊万诺夫娜·叶戈罗娃   Lyubov Ivanovna Yegorova

柳德米拉·别洛索娃   Lyudmila Belousova

柳德米拉·帕克霍娃   Lyudmila Pakhomova

路易斯·马格纳斯   Louis Magnus

罗尔德·布拉德斯托克   Roald Bradstock

罗西诺   Rossignol

吕斯郭尔跳台   Lysgardsbakkene Ski Jumping Arena

M

马尔雅-丽萨·基尔维斯涅米   Marja-Liisa Kirvesniemi

马克斯·尤伦   Max Julen

玛丽卡·基利乌斯   Marika Kilius

迈哈德·内梅尔   Meinhard Nehmer

麦克·巴博科克   Mike Babcock

曼弗雷德·施内尔多佛	Manfred Schnelldorfer
明尼苏达大学	University of Minnesota

N

纳克拉斯·约恩森	Nikles Jonsson
纳塔利亚·东琴科	Natalya Donchenko
尼诺·比比亚	Nino Bibbia
诺拉·格里格·克斯滕森	Nora Grieg Christensen

O

欧亨尼奥·蒙蒂	Eugenio Monti

P

普罗柯比	Procopius，约 500—565

Q

钱德拉·克劳福德	Chandra Crawford
乔治·梅格	George Meagher
青地清二	Seiji Aochi

R

让·瓦内特	Jean Vuarnet

| 让-克洛德·基利 | Jean-Claude Killy |

S

萨尔察赫	Salzach
萨洛蒙	Salomon
桑德雷·努尔海姆	Sondre Nordheim
桑帕·拉尤宁	Samppa Lajunen
莎拉·默里	Sarah Murray
舍曼·波潘	Sherman Poppen
世界冰壶联合会	WCF
斯阔	Squaw
斯坦因·埃里克森	Stein Eriksen
斯约克耶·迪杰斯特拉	Sjoukje Dijkstra
苏珊娜·科尔	Susana Cole
索古郭勒	Sogoo Gol
索尼娅·海妮	Sonja Henie

T

塔蒂亚娜·沃洛索扎	Tatiana Volosozhar
塔尔纳比	Tarnaby
唐纳德·杰克逊	Donald Jackson
特劳德尔·赫彻	Traudl Hecher

特里斯坦·加尔	Tristan Gale
跳台滑雪世界杯大赛	FIS Ski Jumping World Cup
跳台滑雪世界锦标赛	FIS Ski Flying World Championships
托波利诺大奖赛	Trofeo Topolino
托勒夫·豪格	Thorlef Haug
托马斯·阿尔斯加德	Thomas Alsgaard
托尼·涅米宁	Toni Nieminen

W

瓦伦蒂娜·斯特尼娜	Valentina Stenina
维尔纳·萨恩	Werner Zahn
维加德·于尔旺	Vegard Ulvang
维克·威尔德	Vic Wild
乌尔里希·萨霍夫	Ulrich Salchow

X

西德尼·克罗兹比	Sidney Crosby
西格蒙德·鲁德	Sigmund Ruud
希尔克雷斯特中心	Hillcrest
夏尔·戴高乐	Charles De Gaulle
肖恩·怀特	Shaun White
谢尔盖·格林科夫	Sergei Grinkov

Y

雅克·巴尔玛	Jacques Balmat
亚历克西·帕帕斯	Alexi Pappas
亚历山大·比洛多	Alexandre Bilodeau
亚历山大·戈尔什科夫	Aleksand Gorschkov
亚历山大·库欣	Alexander Cushing
杨百翰	Brigham Young
叶夫根尼·库利科夫	Yevgeni Kulikov
伊迪丝·齐默尔曼	Edith Zimmerman
伊冯·范·根尼普	Yvonne van Gennip
伊利奥·科利	Ilio Colli
翼轮队	Winged Wheelers
英格马·斯腾马克	Ingemar Stenmark
尤尔·弗兰科	Jure Franko
约翰·科斯	Johann Koss

Z

泽菲尔德	Seefeld
扎哈·哈迪德	Mrs. Zaha Hadid
扎拉夫鲁加	zalavruga
詹姆斯·乔治·艾尔文·克里顿	James George Aylwin Creighton
詹尼森·希顿	Jennison Heaton